"Quando aceitamos o ministério do Cristianismo restaurado, assinamos o propósito de servir com abnegação até o fim."

Divaldo Franco/Bezerra de Menezes

Para

com votos de paz

/   /

DIVALDO FRANCO
PELO ESPÍRITO
BEZERRA DE MENEZES

JESUS E NÓS

SALVADOR
1ª edição – 2024

COPYRIGHT ©(2023)
CENTRO ESPÍRITA CAMINHO DA REDENÇÃO
Rua Jayme Vieira Lima, 104
Pau da Lima, Salvador, BA.
CEP 412350-000
SITE: https://mansaodocaminho.com.br
EDIÇÃO: 1. ed. (2ª reimpressão) – 2024
TIRAGEM: 3.000 exemplares (milheiro: 16.000)
COORDENAÇÃO EDITORIAL
Lívia Maria C. Sousa

REVISÃO
Adriano Ferreira • Lívia C. Sousa • Plotino da Matta
CAPA
Ailton Bosco
MONTAGEM DE CAPA
Ailton Bosco
EDITORAÇÃO ELETRÔNICA
Ailton Bosco
COEDIÇÃO E PUBLICAÇÃO
Instituto Beneficente Boa Nova

PRODUÇÃO GRÁFICA
LIVRARIA ESPÍRITA ALVORADA EDITORA – LEAL
E-mail: editora.leal@cecr.com.br

DISTRIBUIÇÃO
INSTITUTO BENEFICENTE BOA NOVA
Av. Porto Ferreira, 1031, Parque Iracema. CEP 15809-020 Catanduva-SP.
Contatos: (17) 3531-4444 | (17) 99777-7413 (WhatsApp)
E-mail: boanova@boanova.net
Vendas on-line: https://www.livrarialeal.com.br

Dados Internacionais de Catalogação na Publicação (CIP)
(Catalogação na fonte)
BIBLIOTECA JOANNA DE ÂNGELIS

F825   FRANCO, Divaldo Pereira.
         Jesus e nós. 1. ed. / Pelo Espírito Bezerra de Menezes [psicografado por] Divaldo Pereira Franco, Salvador: LEAL, 2024.
         168 p.
         ISBN: 978-65-86256-27-7
         1. Jesus 2. Espiritismo 3. Reflexões morais
         I. Título II. Divaldo Franco
                                               CDD: 133.93

Bibliotecária responsável: Maria Suely de Castro Martins – CRB-5/509

DIREITOS RESERVADOS: todos os direitos de reprodução, cópia, comunicação ao público e exploração econômica desta obra estão reservados, única e exclusivamente, para o Centro Espírita Caminho da Redenção. Proibida a sua reprodução parcial ou total, por qualquer meio, sem expressa autorização, nos termos da Lei 9.610/98.
Impresso no Brasil | Presita en Brazilo

Os autores

DIVALDO FRANCO

Filho do casal Francisco Pereira Franco e Ana Alves Franco, **Divaldo Pereira Franco** nasceu em 5 de maio de 1927, na cidade de Feira de Santana, Bahia, e desde a infância se comunica com os Espíritos.

Cursou a Escola Normal Rural de Feira de Santana, recebendo o diploma de professor primário em 1943.

É um dos mais consagrados oradores e médiuns da atualidade, fiel mensageiro da palavra de Cristo pelas consoladoras e esperançosas lições da Doutrina Espírita.

Com a orientação de Joanna de Ângelis, sua mentora, tem mais de 250 obras publicadas, de vários Espíritos, muitas já traduzidas para outros idiomas, levando a luz do Evangelho a todos os continentes sedentos de paz e de amor. Divaldo Franco tem sido também o pregador da Paz, em contato com o povo simples e humilde que vai ouvir a sua palavra nas praças públicas, conclamando todos ao combate à violência, a partir da autopacificação.

Há mais de 70 anos, em parceria com seu fiel amigo Nilson de Souza Pereira, fundou a Mansão do Caminho, cujo trabalho de assistência social a milhares de pessoas carentes da Cidade do Salvador tem conquistado a admiração e o respeito da Bahia, do Brasil e do mundo.

Escaneie o QR-CODE, e tenha + conteúdo!

Os autores

BEZERRA
DE MENEZES

Adolfo Bezerra de Menezes Cavalcanti nasceu em Riacho do Sangue, Ceará, no dia 29 de agosto de 1831, e desencarnou no Rio de Janeiro, em 11 de abril de 1900.

Por meio do exercício da Medicina, revelou-se um verdadeiro apóstolo da caridade, uma vez que atendia aos pobres com desvelo, privando-se até das parcas economias para mitigar as necessidades e carências deles. Por isso recebeu, com justiça, a alcunha de "Médico dos Pobres".

Além de médico, exerceu também função na política, em que se destacou não só por sua competência, como pela rigorosa observância aos princípios da democracia e da ética. Dotado de invulgar inteligência, foi ainda escritor de grande expressão.

Mais que um adepto, Bezerra de Menezes foi um defensor e um divulgador da Doutrina Espírita.

Do Mundo espiritual ditou, pela psicografia e psicofonia de Divaldo Franco, o livro *Compromissos iluminativos*, além da presente obra e de dezenas de outras mensagens.

Escaneie o QR-CODE,
e tenha + conteúdo!

SUMÁRIO

Explicação..9
Jesus e nós..11

Mensagem I..15
Mensagem II 23
Mensagem III 31
Mensagem IV..35
Mensagem V 39
Mensagem VI..45
Mensagem VII...49
Mensagem VIII 53
Mensagem IX 59
Mensagem X 63
Mensagem XI 65
Mensagem XII...67
Mensagem XIII 69

Palavras de alerta	75
Página de encorajamento	79
Palavras de alento	83
Instrumentos de Deus	87
Convite à responsabilidade moral	89
Mensagem de fé e coragem	93
Prece e conclamação	97
Compromisso com Cristo Jesus	101
A Era da Luz	109
Mensagem de revigoramento	113
Oração	115
Vivemos uma hora de muitos desafios	117
Página de consolação	123
Perseverança na luta	127
Ação sem termo	133
Exortação de amor	137
Espiritismo e vida	141
Mensagem de encorajamento	145
Mensagem de responsabilidade	151
Na seara de luz	155
A nova aliança	161
Convite de urgência	165
Paz no coração	167

Explicação

As mensagens que ora enfeixam este livro são provenientes de psicofonias do Espírito Bezerra de Menezes em diversas épocas e locais por meio da mediunidade do orador espírita Divaldo Franco. Por serem provenientes de ensejos diferentes da oralidade (psicofonia), algumas foram intituladas pelo autor espiritual e outras iniciadas com vocativos e palavras de bom ânimo para os interlocutores-espectadores. Dessa forma, com o propósito de respeitar as idiossincrasias que envolvem o estilo e a forma de comunicação deste autor espiritual, mantivemos algumas mensagens não tituladas, conforme ocorreu no processo mediúnico.

Editora LEAL

Jesus e nós

Quando *a sombra tétrica da ignorância predominava no planeta em desenvolvimento, Jesus veio pessoalmente à Terra e proclamou sem reserva:*
– Eu sou a Luz do mundo!
Toda a Sua existência de beleza e claridade criou o amor na cultura como a presença do Pai Misericordioso na mente e no coração da Humanidade.
Exaltando a glória da vida e todas as vibrações do astro em formação, o Mestre Incomparável exclamou:
– Eu sou a Vida!
À medida que o Reino de Deus se expandia nos corações, o Dúlcido Condutor elucidou:
– Eu sou o Caminho!
Roteiro único para a Verdade, a Sua Mensagem fez-se o alicerce de todas as edificações morais e proclamou:
– Eu sou a Porta!
A estrada para a redenção humana teria que passar pelo desafio de um espaço estreito que não permite acesso à ilusão, às irresponsabilidades.

Quando as curas e fenômenos múltiplos libertaram os corpos atormentados e preconizavam comportamentos severos, o Excelso Benfeitor expôs:

– Eu e o Pai somos um!

Expandindo-se por toda parte o verbo fluente e libertador, a glória estelar descia aos seres humanos, a fim de edificar-se na rocha, e o Divino Construtor se definiu:

– Eu sou a Verdade!

A imortalidade é o hino a ser cantado pela vida em todos os momentos, e Sua voz então esclareceu:

– Eu sou o pão da vida!

Seus poemas, suas canções de incomparável ternura foram cantados pelos anjos que O precederam e sucederam, a fim de vencer os séculos, inolvidáveis.

Seu poder e determinação determinaram:

– Vinde a mim!

...E um mundo de sacrifícios ergueu cruzes e surgiram holocaustos através das páginas da História!

– Cada um tome a sua cruz e, sob açoites, vergado, ferido, abrace o ódio, transformando-o em compaixão.

Milhões de convidados O seguiram e ofereceram-se em sacrifício.

Muitos, porém, porque não Lhe puderam ser fiéis, corromperam a Sua mensagem, falsearam a Sua vida e, quando o mundo se organizava para mudar de escala evolutiva, Ele liberou os guias da Humanidade e voltou na glória solar da imortalidade.

Hoje, quando o caos se estabelece nos corações e a vida se estiola, antes das trágicas previsões, Ele volve a confirmar:

— Eu sou a Vida! Vida exuberante.

É de perguntar-se, então, a nós, que O conhecemos e comprometemo-nos com Ele, que somos?

— Vós sois o sal da terra que o mundo necessita com o seu sabor!

Sabendo da responsabilidade que temos com Ele, como deveremos agir?

Este pequeno livro é uma proposta de como ser em relação a Ele.

Sejamos, deste modo, os servidores da última hora, fiéis ao compromisso e sigamo-lO.

Jesus e nós!

Salvador, 10 de julho de 2023.

Mensagem I

Meus filhos!
Que Jesus nos abençoe!

A vida, sob qualquer aspecto considerada, é dádiva de Deus que ninguém pode perturbar. Todos os seres sencientes desenvolvem um programa na escala da evolução demandando a plenitude, a perfeição que lhes é a meta final.

Preservar a vida, em todas as expressões, é dever inalienável que assume a consciência humana no próprio desenvolvimento da sua evolução.

Quando alguém levanta a clava para interromper propositalmente o ciclo da vida, faz-se um novo Caim, jogando sobre si mesmo a condenação da *consciência de culpa* e experimentando, no remorso, hoje ou mais tarde, a necessidade de depurar-se, reabilitando-se, a nadar nos rios das lágrimas...

Por isso, os espíritas-cristãos, compreendendo o alto significado da vida, levantam-se para defendê-la onde quer que se apresente, em especial a vida humana – estágio avançado do processo de iluminação do ser, na busca da sua consciência plena e cósmica.

Inspirados pelo Mundo espiritual superior, os obreiros do Cristo se erguem hoje para proclamar não só o direito à vida dos que estão em germe e têm direito a nascer, como dos que se despem do corpo e têm o direito de permanecer até o último hausto do organismo em processo prévio de degeneração, como também do delinquente revel, que se pode arrepender e tornar-se instrumento útil à comunidade que agrediu, ou do atormentado mental, espiritual e moral, que, sem resistência para enfrentar a luta, opta pela falsa solução do autocídio, mergulhando no insondável abismo de sombras e dor.

Não apenas defender esse direito à vida, mas também respeitar todas as vidas, como se apresentem, onde quer que estejam, é tarefa primordial do Espiritismo, que pode ser considerado uma usina de poderosa força, e se por acaso não realiza a operação transformadora dos seus membros, influindo no comportamento da sociedade, converte-se em uma potência deixada à margem, que perdeu a finalidade de produzir energia para a utilidade a que se destina.

Por isso, o Espiritismo tem como objetivo primeiro a transformação moral do homem, e se esta não se dá, a mensagem pode ser comparada a uma lâmpada abençoada que, lamentavelmente, encontra-se com a luz interrompida.

Dessa transformação moral, intransferível, individual, saem os outros objetivos que vão atender às necessidades coletivas, mudando as paisagens terrestres e convidando a criatura à construção real do mundo pleno que, em breve, defrontaremos.

E onde estarão as energias necessárias para esse cometimento, senão no lar, nessa sociedade miniaturizada em que se caldeiam sentimentos, lapidam-se arestas e, muitas vezes, com o buril se retiram a jaça, as anfractuosidades, limando-se a aspereza para que o brilho da luz interior possa alcançar a superfície e expandir-se?!

A família é a base da sociedade e não pode ficar relegada a plano secundário. Viver em família com elevação e dignidade é valorização da Vida, na oportunidade que Deus concede ao Espírito para crescer e atingir as culminâncias a que está destinado.

É verdade que muitos obstáculos se levantam, gerando dificuldades para ambos os cometimentos.

Quem, por acaso, atravessará um rio duas vezes nas mesmas águas?

Enfrentar tais obstáculos é a decisão do cristão renovado, que encontrou em Jesus a força poderosa que Ele usou, quando quis implantar o Seu Reino de Amor e Justiça na Sua época, guardadas as proporções, semelhante a esta.

Se os companheiros se revestirem de valor moral para combaterem o erro, pela sua atitude de coerência espírita-cristã, pela sua conduta eminentemente evangélica, lentamente os espaços perdidos serão recuperados e será erguido na Terra o Reino de Trabalho, de Fraternidade e de Amor.

Meus filhos, há muitas sombras, porque o bem apresenta-se com timidez, cedendo espaço ao mal, que alarga os seus domínios pelo atrevimento de que se reveste.

Por isso mesmo, espírita seja a nossa definição.

Se necessário for perder as pobres moedas de César para preservar a inteireza do conteúdo da Mensagem, confiemos em Deus, o Supremo Doador, que nunca nos deixou órfãos e jamais nos deixará ao abandono.

O Espiritismo liberta-nos da ignorância e propicia-nos, pelas lições luminíferas da caridade, a ação social, na assistência e no serviço de socorro. Negar a procedência da inspiração, para *conivir* com os métodos arbitrários e injustos da política terrestre, é o mesmo que ceder ante as paixões de César, como árbitro dos destinos, embora sem controle sobre as vidas, significando abjurar o nome de Jesus – que é a bandeira das nossas obras sociais –, para estar de braços dados com o poder temporal, recebendo-lhe auxílio e apoiando-lhe as arbitrariedades.

Jesus disse que no mundo somente teríamos aflições.

Não será lícito, portanto, esperarmos outra resposta, senão a da dificuldade.

Graças à Lei Soberana, que é a Lei Natural, a Lei de Amor, lutemos juntos das autoridades competentes para falarmos do nosso apostolado e pedirmos respeito às ações renovadoras da sociedade que vimos desenvolvendo em nome da caridade.

Não temamos nunca! Estejamos unidos na defesa da Vida em uma família espiritual digna, suportando reveses e incompreensões.

Ser espírita hoje é o mesmo que ter sido cristão ontem.

Quantas vezes veremos as nossas melhores palavras adulteradas e voltadas contra nós?

Em outras oportunidades enfrentaremos os desafios da urdidura da calúnia, da malversação de valores e das acusações indébitas; em novos ensejos defrontaremos problemas íntimos, no santuário doméstico, ralando-nos o coração e, mais adiante, sofreremos a insidiosa interferência dos que se comprazem na preservação deste estado de coisas, atormentados na Erraticidade inferior, ferindo as fibras mais íntimas do nosso sentimento.

Não terá sido por outra razão que o Mestre nos recomendou o Amor – o Amor sempre – e a oração, meus filhos!

A oração é o elixir de longa vida que nos proporciona os recursos para preservar os valores de edificação, perseverando no trabalho iluminativo. E o Amor indiscriminado, a todos, mesmo aos inimigos – o que não quer dizer anuência com os seus despropósitos –, é o impositivo de emergência para lograrmos a paz.

Como é verdade que os Seus discípulos nos faremos conhecidos por muito amar, não menos verdade é que este amor – que se inicia em nós – deve expandir-se até eles, todos eles, os que nos criam embaraços e dificuldades, que nos ameaçam e nos provocam lágrimas, em ambos os planos da vida.

No mais, é confiar em Jesus.

Quando aceitamos o ministério do Cristianismo restaurado, assinamos o propósito de servir com abnegação até o fim.

Temos logrado êxito; vencemos os primeiros embates; superamos as dificuldades maiores antes da decisão. Necessitamos, agora, valorizar a nossa vida – vós, no carro da matéria, e nós outros, na experiência libertada do corpo –, para chegarmos à meta final, cantando um hino ao Vencedor, que, aparentemente vencido, foi plantado na cruz, e cuja aparente derrota estava simbolizada na vitória de encontrar-se como *Hífen de Luz* entre os homens propínquos e Deus longínquo, no Calvário, onde se uniram todas as forças do mal para o sacrifício do *Cordeiro*.

Meus filhos, estes são os dias chegados. Tende ânimo, preservai a coragem, sede fiéis, valorizando a vida e vivendo em família com elevação, para implantardes na Terra a família ideal, cujos membros, vinculados ao Reino de Deus, sejam realmente irmãos.

Que o Senhor nos abençoe!

São essas as palavras dos trabalhadores do Mais-além que por nosso intermédio fazem-nas chegar às vossas mentes e aos vossos corações.

Com o carinho paternal de sempre, o servidor humílimo,

Mensagem II

Que Jesus nos abençoe.
Conservai o bom ânimo!

São estes os difíceis dias do processo de evolução da criatura humana.

O homem, fascinado pelas conquistas exteriores, não logrou o autodescobrimento, que lhe pudesse propiciar a plenitude. Desvairado, embora na busca dos valores de significação profunda, prossegue fomentando a guerra e estimulando a loucura.

Há desespero em toda parte, angústia dominando os corações, desequilíbrio perturbando as mentes. No entanto, com esse material, as luzes do Divino Mestre estão construindo o ser melhor, objetivando a sociedade de amanhã.

Fostes chamados para colaborar na edificação da Era Nova, em cujo limiar nos encontramos.

Tendes os materiais indispensáveis para o êxito e viveis trabalhando com dedicação e afinco, pois que vos encontrais sob a inspiração do Augusto Mestre e nenhuma força pode impedir que a meta seja alcançada.

Há, no presente, muito solo a arrotear, muitos obstáculos a transpor nos roteiros da Doutrina.

Perguntais, muitas vezes, o porquê de tantos desafios e de tantas incompreensões. Quedai-vos, nesses instantes, aturdidos e vedes os vossos melhores ensinamentos confundidos, as vossas palavras mais claras alteradas e os vossos sentimentos postos na praça pública para serem ridicularizados.

Não vos esqueçais de que viveis pela esteira do tempo, de equívoco em equívoco, através do insucesso, para, desta vez, vos libertardes do *homem velho* e, revestidos pela alva túnica nupcial do *homem novo*, realizardes as bodas com a verdade.

Temos vos dito várias vezes, com outros amigos, que o vosso não será um êxito mundano, cujos valores sobrevivem pela aparência e refletem-se na ilusão que as aventuras propiciam.

Os vossos serão os êxitos da consciência erguida e em harmonia; serão as vitórias sobre vós mesmos; as alegrias indizíveis do coração pacificado ante o Benfeitor Querido que vos aguarda paciente através dos milênios...

Ainda é necessário resistir às campanhas contra o Senhor Jesus, que têm a sua origem no Mundo espiritual inferior.

Sede as Suas *cartas*, porque elas levam a Mensagem de vida a muitas mentes que se empenham em impedir que cheguem ao destinatário, que é a Humanidade. Mas não desfaleçais. O Evangelho vem triunfando e terá o seu momento de libertação total.

Que digam os nossos irmãos, iludidos momentaneamente pela prosápia, que a Doutrina Espírita não é religiosa, que não tem sustentação no Cristianismo, porque lhe é superior; que asseverem que a moral espírita é especial e que Allan Kardec estabeleceu diretrizes novas, não necessitando do apoio do Evangelho do Senhor; que as acusações de misticismo se multipliquem e as chuvas de dificuldades caiam sobre as nossas cabeças.

Sabemos, no imo do coração e através da razão, que o Espiritismo sem o Cristianismo se tornará uma reformulação da Metapsíquica, da Parapsicologia ou da Psicobiofísica, caso permaneça sem o contributo moral de sustentação, que é libertador de consciências.

Allan Kardec foi convidado pelo Senhor para tornar-se o instrumento do Consolador, materializando Sua promessa na Terra.

Ignorar a missão do Cristo no Espiritismo é desnaturá-lo.

Desconsiderar o valor da religiosidade espírita, a benefício de expressões sociológicas transformadoras, é mutilar a mensagem dos Espíritos imortais, adaptando-a à forma pessoal de ponderação de cada um.

Por isso, cabe-nos o dever de prosseguir com o Cristo a qualquer preço, preservando-Lhe o Evangelho conforme o recebemos d'Ele e dos Seus apóstolos, livre dos enxertos, das adulterações, de todo contributo do século, assim como das opções humanas, tal qual o desvendou Allan Kardec.

A nossa tarefa hoje, no mundo, é a de cristianização da criatura humana, e não a de recristianizá-la, porque, em verdade, ainda não houve, depois do período do martírio, a vivência real do pensamento de Jesus.

Permanecei fiéis ao ensinamento do Cristo expresso no Seu Evangelho, convidando as mentes não comprometidas à reflexão e ao dever. Permanecerão a reação teimosa, a agressão contínua, a impenitência e o descaso, porém, o Mestre nos inspirará e a reencarnação fará com que aquilo que não pudermos executar neste momento realizemos depois.

Novas dificuldades desenham-se nos céus da nacionalidade brasileira, como em outras da Terra; lutas encarniçadas, violências e massacres atestarão a permanência da *natureza animal* sobre a *natureza espiritual* do homem.

Isto vos incitará a maior trabalho de evangelização, para que o ser humano desperte para o significado da vida, para os seus objetivos relevantes.

Sois poucos e desequipados dos recursos que poderiam modificar o estado atual do planeta. No entanto, Jesus está convosco, conta conosco, neste intercâmbio entre os dois mundos. Para que não venhamos a desfalecer na luta, não nos subestimando, tampouco nos exaltando, permaneçamos fiéis, insistindo e perseverando até colimarmos os objetivos que perseguimos com amor.

Não vos sintais cansados!

Não permitais que o desânimo se vos aloje na mente ou no coração.

O desânimo é morbo que perturba e produz degenerescência nas *fibras* da alma.

Estai vigilantes, porquanto a vós é pedido o testemunho, já que cristão sem testemunho está sem Cristo.

Nenhum masoquismo de nossa parte na afirmação.

Sabemos que se mede a grandeza de um ideal pelas resistências que ele enfrenta.

Assim também os ideais do amor, da fraternidade legítima, da renúncia, da humildade e do bem hão de encontrar as forças antagônicas que tentarão hostilizá-los, porém, permanecerão.

O Brasil triunfará sobre os seus maus filhos.

A grande noite, muito em breve, cederá lugar à rajada luminífera do trabalho de cristianização da

Terra, que vem sendo realizado a cento e trinta e seis anos[1] e que culminará em êxito.

De um para outro momento surgem ameaças de fragmentação nos nossos trabalhos. Nessas ocasiões, a renúncia, o equilíbrio, a sensatez da fraternidade são os recursos para preservar o abençoado trabalho de unificação espírita nas terras do Brasil, a fim de que os indivíduos mais reacionários, os mais exigentes, unam-se aos *velhos* missionários que, logo mais, darão continuidade à obra, preservando a unidade doutrinária e o espírito de unificação entre as instituições.

Já não enfrentaremos a violência dos adversários desencarnados como antes. Agora, a luta faz-se com habilidade e sutileza. Serão criadas situações embaraçosas, estimulados "pontos de vista" perturbadores, para que a cizânia impere, as divergências fracionem o grande bloco de união.

Não percais muito tempo em explicar e justificar. Elucidai e, pelos vossos atos, permanecei fiéis e cordatos, sem ceder aos caprichos ou submissão aos desequilíbrios dos vigilantes insensatos, que estão sempre contra a nossa tarefa.

A cruz do Cristo permanece como símbolo não apenas de redenção, mas também de trabalho.

---

1. Esta comunicação psicofônica ocorreu no ano de 1993 (nota da editora).

A trave horizontal são os braços abertos para afagar a Humanidade e a haste perpendicular é a ponte na direção do Infinito, de Deus.

Nunca vos sentireis a sós. Desde que crieis as condições, ouvir-nos-eis no âmago da alma; sentir-nos-eis nos momentos difíceis do testemunho e das dificuldades.

Perseverai, portanto, como até aqui, desfraldando a bandeira de Ismael – "Deus, Cristo e Caridade".

Vossos amigos, os companheiros de ontem que passaram pela nossa casa, estão convosco na lide.

Rogando a Ele, nosso Divino Mestre, que nos abençoe, sou o servidor humílimo e paternal de sempre,

Mensagem III

MEUS FILHOS:
DEUS VOS ABENÇOE!

Ao sol esplendente da Nova Era aglutinam-se as forças do bem, direcionando os destinos para a Imortalidade.

As forças ciclópicas das graves transformações planetárias do ponto de vista físico e sob a diretriz moral demonstram que vivemos na Terra gloriosa a fase predita no Evangelho, inaugurando o mundo de amanhã. Desafios repontam; dores que parecem superlativas ameaçam; disparates trabalhados no desequilíbrio mental e emocional das pessoas avançam aplaudidos, quando são críveis de ridículo, qual se os valores éticos de enobrecimento da Humanidade cedessem lugar aos dislates da loucura. É natural, meus filhos!

A meia-noite simboliza o clímax da treva, e um segundo após já é madrugada, embora ainda reinando as sombras.

Exultai, porque viveis este contexto grave, no qual podeis desembaraçar-vos dos cipoais que vos vêm retendo na retaguarda.

Agradecei a Deus a honra da fé libertadora ante as situações lamentáveis e dolorosas.

O Senhor da Vinha e da Vida promete nunca nos abandonar, mas é indispensável que Lhe permaneçamos fiéis, sintonizados com as Suas diretrizes de equidade e de justiça.

Bendizei os momentos menos felizes, porque vos ajudam a valorizar os gloriosos.

...E, cumprindo com os deveres assumidos antes do berço, chegareis ao portal de cinza e de lama, não com a roupagem de vencidos, mas com as asas angelicais dos vitoriosos; nunca vos entregueis às aflições desnecessárias, nem vos permitais a excessiva valorização das ocorrências de desgaste e dor.

A árvore gigantesca atinge um milênio ou dois, qual a sequoia, milésimo a milésimo de crescimento, e o Universo glorioso é resultado da micropartícula aglutinada a outra, formando o Cosmo.

Conquista a conquista, alcançareis a glória estelar.

Aqui vimos para vos estimular, filhos da alma, na desincumbência dos vossos deveres, agradecendo à Vida pelas ciladas, problemas, incompreensão. Mas não vos olvideis de que na nossa casa, que ostenta a bandeira branca da paz e que preserva o estrelado céu do Evangelho, o amor, a lídima fraternidade e a união devem ser a Via Láctea apontando-vos o rumo na direção do Mestre Solar.

Mantende nossa casa na pulcritude do Evangelho, na singeleza, na harmonia dos homens e das mulheres do caminho, estando solidários e joviais para atender a dor, cada vez açoitando mais forte lá fora os que se desagasalharam, perdendo o abrigo que Deus lhes confiara, e sede felizes por haverdes encontrado o rumo. Nada, meus filhos, vos tisne a confiança, o respeito, o ideal, cantando hosanas à família, que é pródromo da fraternidade universal.

Dentro da família consanguínea, aqui em nossa casa, encontrais o laboratório fraterno para abraçardes o mundo com Jesus, vitoriosos e pacíficos.

Há um poema imortal de Heinrich Heine, que é um canto à alegria. O nobre poeta alemão escreveu, num arrebatamento, que a alegria é a taça que carrega o licor embriagador da felicidade que deve ser sorvido para transformar o mundo num poema.

Alegria, meus filhos! Quem ama Jesus possui um tesouro, é alguém em cujo coração não há lugar para tristeza ou mágoa, revide ou desconforto moral.

Saudai a Era Nova, simples e bons, desataviados e joviais, porque essas são *as gemas da coroa do amor* sobre a cabeça dos felizardos da fé.

Minhas filhas, que momentaneamente viveis na veneranda Europa, cantai a alegria da nossa crença aos ouvidos cépticos, às mentes frias e aos corações amargurados.

No cascalho muitas vezes há diamantes, e no fundo mar, ocultas em conchas duras, repousam pérolas na intimidade das ostras.

A veneranda Europa possui diamantes estelares e almas que agora irão impulsionar a renovação da cultura, como no século XIX com Allan Kardec, com Léon Denis, com Lázaro Zamenhof, os pais da Ciência e do pensamento, alargando os horizontes.

Retornam antigos missionários para reerguer a veneranda Eurásia do mal, dos seus escombros.

Cantai vós, também, o vosso hino, nem que signifique uma suave melodia discreta ante a balbúrdia que silenciará o escândalo para ouvir o vosso canto.

Deus vos abençoe, filhas da alma! Deus nos abençoe, meus filhos!

São os votos do servidor humílimo e devotado de sempre,

Bezerra

Mensagem IV

MEUS FILHOS,
JESUS NOS ABENÇOE E NOS DÊ A SUA PAZ.

Enquanto o mundo estertora e as dificuldades dilapidam os corações, aqueles que encontramos a fé libertadora dispomos de um arsenal de paz para modificar as falidas estruturas da Terra.

No mundo, as lutas tiranizantes aniquilam as esperanças da criatura humana. Os abutres da guerra voam sobre o cadáver das gerações falidas. Mas nós, que encontramos a Doutrina Espírita, fruímos a felicidade ímpar de compreender que, depois desta noite, virá o dia de bênçãos da Era Nova.

No mundo, o cristão "vegeta" no sentimento, traindo o seu irmão, e as criaturas atiram-se umas contra as outras, na busca de coisas inúteis. Mas nós, que já descobrimos a realidade da Vida espiritual, entendemos que o amor é a solução para todos os problemas e a solidariedade é o caminho por onde chegaremos ao porto da paz.

Na Terra, planeta de *provas e expiações*, a dor cavalga o organismo humano, ameaçando a inteligência e a razão, o sentimento e a coragem, como se fosse estiolar as conquistas dos seres. Mas nós, que sabemos da imortalidade, entendemos que este é o mecanismo transitório da nossa libertação triunfal para a glória do Espírito.

Não obstante já possuirmos o tesouro do discernimento e as conquistas da sabedoria, ainda desejamos conduzir-nos pela ilusão que nos leva a despertamentos dolorosos.

Que apliquemos esses conhecimentos do Evangelho na realização interior, no equilíbrio e na estrita confiança em Deus.

Disse-nos Jesus: "Eu vos mando como ovelhas mansas ao meio dos lobos", afirmando-nos que não encontraríamos compreensão nem aplauso; não teríamos apoio nem compensações, mas O sentiríamos, experimentando paz interior.

Meus filhos, fostes honrados pela Doutrina Espírita, que liberta o homem da ignorância e guinda-o à Espiritualidade superior.

Tende coragem! Porfiai no bem. Assentai nos hábitos salutares os vossos sentimentos e lutai contra as imperfeições morais que residem no mundo íntimo de todos nós.

Estamos convidados ao banquete de luz, e não podemos desfraldar outra bandeira senão a da fraternidade, nem defraudar o nosso Sublime Anfitrião.

Não estais a sós!

Na noite tenebrosa, os astros espirituais brilham no céu das vossas almas; na solidão mais crua, a presença dos vossos guias protege-vos do mal; nas incompreensões mais ásperas, o Senhor está convosco.

É certo que Ele não vos promete as glórias da Terra, mas vos guindará à plenitude dos céus que já começa em vossos corações desde agora.

Tende, pois, bom ânimo e continuai no bem.

Aqui estamos em nome dos Espíritos-espíritas do Brasil e de Portugal, num ato de fraternidade, para dizermos que, antes de vos reencarnardes, vos comprometestes com a construção da Era Nova e do Mundo melhor.

Obreiros da fé renovada, ide adiante, confiantes e felizes! O Senhor irá convosco.

Rogando a Ele, nosso Amigo e Benfeitor, que permaneça conosco, abraça-vos o servidor humílimo e paternal,

Bezerra

Mensagem V

Filhos da alma,
que o Senhor vos abençoe!

Diante dos nossos olhos está a gleba feliz das oportunidades, convocando-nos à obra incomparável do bem.

Não importa que o seu nome esteja vinculado a este ou àquele setor de religião ou de princípio filosófico. Indispensável que se origine nas fontes imarcescíveis do Nosso Pai e nos chegue como dádiva luminescente, para clarificar-nos interiormente, facultando-nos a paz de que temos necessidade.

Não constituímos um grupo acéfalo no trabalho da vida organizada na Terra. Estamos vinculados uns aos outros, sob comando do Divino Amigo, que nos conclama ao prosseguimento nas seguras diretrizes abraçadas.

Cada um de nós se encontra vinculado ao compromisso assumido antes do berço, no sentido de dar à vida inteligente do planeta uma motivação mais alta e mais relevante do que a expressão simplista do princípio vegetativo, automatista, do qual deriva o prazer animalizante... Congraçados pelo atendimento fraterno do dever, reconstituímos a família ampliada em serviço, para modificarmos as paisagens tristes do orbe terrestre, transformando-as em jardim de dádivas, onde o problema, a dor sejam lembranças do passado, enquanto a felicidade se transforme na meta conseguida, o estágio logrado.

Pode parecer difícil aceitar o sonho de paz que acalentamos, em face das conjunturas complexas de dor e criminalidade, da ambição e do padecimento que defrontamos em toda parte. A alguns parecerá fantasia a que nos entregamos: o sonhado reino da fraternidade, quando o homem, lamentavelmente, ainda se transforma "no inimigo do homem", não obstante quase sete milênios de cultura ética e de civilização.

Apesar do fulgor tecnológico destes dias, a atualidade também se projeta, simultaneamente, por aberrações de vária ordem e por desaires de toda monta.

Vale considerar que o pântano putrescível e miasmático, com a singela contribuição da drenagem, transforma-se, a pouco e pouco, em jardim de oportunidades se desejarmos saneá-lo; e deserto sáfaro, ardente quão abrasador pode converter-se em pomar de refazimento se a irrigação e a adubagem, pelas nossas mãos manipulando as máquinas, atingirem a terra crestada e modificar-lhe o painel de desolação.

Assim, também na paisagem dos homens, o nosso contributo poderá drenar as feridas da emoção e modificar as áreas inóspitas do sentimento, fazendo com que medre o trigo da paz e multipliquem-se os arraiais da cordialidade, em clima de festa e entendimento para as almas. Nesse particular, a beneficência, irmã gentil e gêmea da caridade, tem o seu papel preponderante.

Quando Vicente de Paulo, exercitando a beneficência pelas ruas de Paris, ao lado de Luísa de Marillac, buscava atender a dor e modificar o clima do sofrimento humano, talvez não tivesse a ideia de que um dia padrões de serviço social seriam convocados para o ministério socorrista, dinamizando o exercício generoso do auxílio ao próximo, em mecanismo de dever, que ora se converteu paulatinamente em caridade rutilante.

Quando Fabiano de Cristo aqui esteve fisicamente entre nós, laborando no exercício místico da introspecção, dava-se ao labor da caridade que refazia enfermos e consolidava esperanças em almas atribuladas; não supunha, certamente, que um dia a "alma" da beneficência estaria padronizada num esquema de homens e máquinas, com o fim de atender mais de um milhão de beneficiários com recursos tecnológicos, de cujos frutos a pobreza envergonhada, a miséria açoitada, a orfandade ao abandono e a velhice ao desespero recebessem o ensejo retificador, para terem diminuídas as cangas constritoras, na reencarnação em que padecem resgates inadiáveis...

Assim, muitos de nós, antes do mergulho no berço, rogamos a honra de contribuir para a modificação da paisagem sombria da Terra, transformando-a em recinto de claridade verdadeira.

Alguns dentre nós, antes, estivemos à frente de hostes guerreiras, levantando ondas de criminalidade e horror.

Diversos dentre nós vivemos fomentando a usura e nos comprazemos na sexolatria desvairada, corrompendo consciências que se entorpeceram ao acicate das nossas paixões selvagens, irrefreáveis, que esmagaram sentimentos, aniquilaram famílias e desviaram moçoilas inexperientes, que desceram ao resvaladouro da prostituição inominável ou da miséria, da orfandade sem remédio, cujos sofrimentos gritam em nossas almas até hoje.

Por isto, a Divina Caridade do Senhor nos convocou, consciências atribuladas, para o ministério do ressarcimento, para cujo labor dispomos do arado de serviço, da gleba fértil e da semente da Palavra de Deus, no ensejo do serviço honroso, a fim de reparamos os equívocos e modificarmos a terra atormentada dos sentimentos...

Desse modo, não nos cabe desvairar, nem perder a luta que defrontamos. Não nos é lícito negligenciar, nem nos permitirmos vencer outra vez pelas mesmas circunstâncias sob os fatores constritivos que nos esmagam a pouco e pouco, anulando a capacidade de discernir e acertar.

A fim de que lobriguemos êxito no serviço a que fomos chamados, unamo-nos! Não permitamos que a suspeita deste ou daquele teor grasse insidiosa, formando um rol de queixas, ou gere clima de dúvidas, na vulnerabilidade dos nossos propósitos, ensombrando a claridade do nosso jornadear. Nosso ideal deverá ser sempre servir!

Nós, que abraçamos a cruz do dever como a única forma de nos redimirmos, tenhamos tento.

Fabiano e outros mensageiros estamos a postos, laborando, auscultando-vos, escutando-vos as palavras e tentando respondê-las, para que o trânsito da dúvida à revolta, da revolta ao dissídio, do dissídio ao afastamento não se colime em fracionamento de trabalho, que deve ser um todo harmônico, com o qual nos comprometemos e ao qual nos devemos integrar num clima de fraternidade.

Longe de nós, amigos, a pretensão de interferir, pois esta não é nossa tarefa, nas suas realizações, que marcham a largo passo. Mas, próximo de nós, o dever e o direito de vos conclamar, conclamando-nos também a esse intercâmbio de luz, de oração e de fraternidade, que em nossa casa deve constituir o piloti sagrado e básico do êxito e do progresso amanhã.

Estaremos implorando a Deus que vos abençoe, que vos guarde, pedindo a cada um maior lucidez, maior recato, maior discrição no bem, maior amplitude na ação enobrecedora, para que a Luz do Cristo seja nossa claridade, difusa e forte, fazendo-nos verdadeiramente refletir a Sua Mensagem de redenção.

Implorando a Ele que nos abençoe e nos guarde, o servidor humílimo,

Bezerra

Mensagem VI

Filho,
Jesus nos abençoe!

Surgem-nos, formosas, as oportunidades de serviço, especialmente na área da iluminação de consciências.

O momento grave que se vive na Terra é também de especial significado para a libertação moral das criaturas.

Enquanto a dor escarnece das soberbas conquistas tecnológicas e a solidão zomba das relevantes bênçãos da cultura e da civilização, ante o espectro da guerra que ameaça as nações, o pensamento de Jesus paira sobranceiro sobre todas as vidas, repetindo a grandiosa mensagem das Bem-aventuranças.

Aturdidos e ansiosos, os homens não ouvem as sentenças morais de esperança e consolação que os séculos não lograram abafar, não obstante o pandemônio que domina em quase todos os arraiais da atualidade.

Há, nestes dias, carência de amor e necessidade de fé, sede de ternura e fome de fraternidade, ao lado de terríveis problemas que dizimam centenas de milhões de vidas, ante o olhar, ora estupefacto, ora indiferente, da sociedade terrestre...

Nunca houve, como agora, tanta urgência para a divulgação do bem e da fé raciocinada, como antídotos aos males que grassam em volúpia desesperadora.

A Doutrina Espírita, possuidora dos indispensáveis elementos para a iluminação da razão, aguarda que os seus adeptos sinceros se movimentem com afã, no ministério da sua divulgação.

A hora é própria e os recursos encontram-se à disposição de todos quantos queiram empreender a tarefa desafiadora.

Uma exposição das obras e periódicos espíritas, de uma bem organizada documentação, colocados à disposição do povo, é instrumento de alta utilidade para contribuir em favor da Era Nova, construindo o homem melhor.

Reagindo à onda de insensatez que se espraia por todos os lados, parecendo levar de roldão os valores éticos e morais da sociedade, proponhamos os ideais e os fatos espíritas fundamentados no Evangelho de Jesus, tendo a certeza de que desse esforço resultarão o reequilíbrio e a renovação das vidas que se estiolam, direcionando-as para a felicidade e a paz.

Assim, unamo-nos todos na ação de divulgar o Espiritismo, por todos os meios nobres possíveis, sendo a exposição em planejamento um passo relevante e de muita oportunidade para tal fim.

Rogando a Jesus que nos abençoe, sou o servidor paternal e humílimo de sempre,

Mensagem VII

MEUS FILHOS,
QUE JESUS NOS ABENÇOE!

Anoitece na Terra.

As sombras se adensam nas paisagens onde antes fulgia a esperança, deixando a impressão de que tempestades não aguardadas rugirão ameaçadoras!

As estrelas, momentaneamente, ficam encobertas no seu brilho e as perspectivas fazem-se grotescas.

Vivemos a hora das definições. Crepúsculo da cultura e da civilização, é também madrugada da nova ética.

Iniciar-se-á a Era da Nova Consciência, na qual a criatura humana será convidada a responsabilidades fora dos modelos tradicionais.

O conhecimento propiciará a todos os vanguardeiros do progresso a visão positiva do que fazer, quando realizar e como expressar-se.

Nesse momento histórico, que também é de desafio, os cristãos decididos de ambos os planos da vida estamos convidados à ação renovadora.

Indispensável que nos equipemos com recursos que possam contribuir de maneira definitiva para a instalação do período especial, deixando à margem questiúnculas, as de significado alternativo, para pensarmos, em uníssono, numa diretriz que demonstre a excelência do pensamento do Cristo, direcional essa para os que chegam apressados e sem norte, batendo à porta das nossas experiências.

Desnecessário demonstrar que a criatura humana, sedenta de liberdade, ao receber o prelúdio da mensagem grandiosa, faz-se libertina, por falta de amadurecimento psicológico, e, buscando os ideais superiores, ata os pés nas velhas paixõesególatras, sem a coragem de romper tais amarras, para pensar na consciência geral do bem.

Estamos, meus filhos, convidados a contribuir no esforço para a erradicação das causas do sofrimento.

Educar, no seu sentido lato, criar hábitos e instruir é a forma de socorrer para evitar a violência, que a miséria socioeconômica estimula, quando não lhe é geradora. E amar, para que a mansidão do Cristo possa constituir-se alicerce básico da Era Nova.

Nossa casa, que vem de grandes lutas, para a concretização dos objetivos saudáveis, atravessando borrascas e vencendo mares procelosos, na figuração da "barca de Fabiano", deve prosseguir com homens intimoratos nas ações intemeratas, superando-se, para que o modelo novo de organização previdenciária e social sirva de estímulo a novos tentames para o futuro, sem sofrer solução de continuidade, já que a dor aumenta de volume e o desespero campeia, assaltando as ideias nobres. Por certo, desincumbindo-nos da superior missão de preparar as gerações novas e atenuar o desespero dos homens e mulheres amadurecidos, no lado da miséria, de modo a estabelecermos juntos a antemanhã pela qual temos lutado.

Dias difíceis estes, de perturbação, de queda de ídolos e de símbolos, de renovação ética, de novos paradigmas que têm sido buscados nas alucinadas expressões materialistas, quando facilmente Jesus sintetizou todas essas necessidades em um único e particular, que é a indispensável necessidade do autoencontro, sem o qual a falência dos objetivos é inevitável.

Deste modo, filhos da alma, reunidos pelas Divinas Leis para a obra do bem, não negligenciemos. Perseveremos unidos, leais e francamente irmanados na desincumbência dos nossos deveres.

"Quem anda na luz não tropeça em obstáculos", disse-o o Senhor Nosso, em outras palavras.

As nossas metas serão alcançadas e os nossos problemas solucionados, as dificuldades transpostas, se convergirmos todos para as bases fundamentais, diminuindo a intensidade dos problemas secundários a que nos apegamos, às vezes, em detrimento das vigas essenciais da nossa construção.

Nossos e vossos amigos espirituais estamos de pé convosco na batalha da edificação do período de luz, que já começa nestas horas de anoitecer.

Sede probos, tende ânimo e vencei as paixões que a todos nos atam na retaguarda.

Exorando ao Senhor de bênçãos que nos socorra e nos liberte de nós mesmos, o servidor humílimo e paternal de sempre,

Bezerra

Muita paz, meus filhos.

Mensagem VIII

Meus filhos,
Que Jesus nos abençoe!

Já identificais os sinais da grande transição. Vedes em toda parte o esboroar do materialismo e das suas construções nefandas. As grandes potências, que se notabilizaram pelas admiráveis conquistas da Ciência e da Tecnologia, porque distantes do ensinamento de Jesus aplicado no dia a dia dos seus povos, estão sendo carcomidas por enfermidades endógenas que as consomem em forma degenerativa.

Os homens e mulheres que se erguem às culminâncias do poder e se deixam engolfar pela vaidade e pelo orgulho, de um para outro momento, tombam do pedestal em que se encontram, experimentando o opróbrio e a humilhação.

As glórias de um dia transformam-se em amarguras do futuro. E a criatura aturdida sai à busca de realizações externas do prazer, do poder, do gozo desenfreado, porque perdeu a si mesma e não encontra coragem para interiorizar-se e redescobrir-se.

O caos, de um lado, galvaniza os sentimentos e os ideais. Mas, nesse báratro, peregrina e mirífica luz penetra suavemente a grande escuridão que se espalha.

É o pensamento de Jesus alcançando as sombras da Terra. E vós sois as antenas captadoras dessas ondas superiores para as decodificarem, fazendo-as chegar ao poviléu e aos sofredores do mundo. Vós e milhares de outros seres afeiçoados ao bem, em várias filosofias espiritualistas e em nobres ideais de solidariedade humana, captais a mensagem da Era Nova e dai-vos conta da gravidade do momento.

Permanecei na sintonia com o Senhor!

Olvidai a pequenez e os artifícios do *ego*, sempre susceptível de interpretações equivocadas, porque direcionadas para os caprichos do personalismo devastador, essa herança atávica do primarismo por onde transitamos.

O Espiritismo, meus filhos, não tenhamos dúvidas, é Jesus de retorno! Jesus descrucificado, sim, para ter os braços livres, para afagar, reunindo num só rebanho todas as ovelhas.

Tende cuidado, evitando qualquer tipo de segregação. É através da união dos indivíduos que se realizará a unificação das entidades espíritas e cristãs.

Encontrai-vos a repetir experiências transatas na área cristã quando malograstes, tendo agora a oportunidade libertadora que os Espíritos vos concedem.

Estai abertos ao amor desrotulado e ampliai os vossos sentimentos antes de encarcerá-los em limitações e dificuldades muito normais no caminho de ascensão.

Há muito solo a joeirar. Há muito trabalho a desenvolver, e não podeis perder tempo com as dissonâncias que fazem parte do conjunto ligado ao eixo central dos objetivos: *humanizar, espiritizar, qualificar* para melhor servir.

Jesus, meus filhos, asseverou que tinha ovelhas fora daquele rebanho, e Allan Kardec, o discípulo fiel, convocou todos os seres de boa vontade para que tomassem conhecimento da Era Nova, integrando-se, quando sensibilizados, na linha de frente da ação libertadora de vidas.

A Europa, o velho continente eurasiano, saturado de filosofias perversas, cansado de hecatombes, também tem sido o berço de belezas inimagináveis que lhe constituem sagrado patrimônio de bênçãos. Por isso, o continente eurasiano, aberto em chaga viva e ferido por guerras que estouram entre nações, espocam nas metrópoles e megalópoles supercivilizadas, em forma de vícios e hediondez, aguarda lições de amor...

A velha África, consumida pelas tragédias do primarismo que remanesce em tribos, em grupos de hordas devastadoras, chora o patrimônio passado que não soube preservar...

A Oceania nasce, vitimada que foi pelo colonialismo, despertando agora, lentamente, para a civilização ao lado da Antártica...

E as Américas, particularmente no Sul, sofridas, agasalham Jesus e O expandem para o mundo através do Brasil, da sua oportunidade evangelizadora, a fim de que a verdadeira fraternidade una raças, nações e povos no santo ideal do amor.

Não vos encontrais nas leiras do Evangelho por acaso ou por capricho das necessidades imediatas. Comprometestes-vos com os Espíritos nobres para serdes os pioneiros humildes que preparam os caminhos dos missionários de amanhã. Cuidai do terreno pedregoso. Fazei a divulgação nobre pela palavra-exemplo, mas sustentai-vos uns aos outros sem qualquer tipo de separatismo.

Jesus não fundou qualquer grupo. Ele viveu o amor, e os que amam se Lhe vincularam.

É chegado o momento, meus filhos, de mais união entre vós, para que aqueles que chegarem encontrem o campo fértil da verdadeira solidariedade e se deixem tocar pelos vossos exemplos saudáveis de amor e de compreensão.

Nesta hora, a Terra avança para ser mundo de regeneração. Sede vós parte daqueles que constituem um grande grupo que prepara o mundo melhor.

Não duvideis da assistência do Senhor. Não vos aflijais por causa dos testemunhos. Melhor resgatar amando e servindo do que na imobilidade de um catre, na decomposição orgânica ou no desvario da mente ultrajada por patologias perturbadoras.

Compreensão no mundo é moeda rara, meus filhos!

Por isso, compreendei-vos mais, a fim de terdes forças para suportar as alheias incompreensões. Os vossos amigos espirituais que aqui estão e que vos trouxeram os exemplos da dor, da rebeldia e do desespero para que mitigásseis as aflições, com a água lustral do Evangelho, confiam em vós.

Permanecei fiéis, ampliando e amparando as hostes do bem!

Sois felizes porque ouvistes o chamado e o estais atendendo. Lutai para serdes os escolhidos.

Que o Senhor Jesus, o Amigo Incomparável de todos nós, abençoe-vos, meus filhos, e vos guarde na Sua paz.

São os votos do servidor humílimo e paternal de sempre,

Bezerra[2]

---

2. Revista pelo autor espiritual (nota do médium).

Mensagem IX

...Nunca a Terra necessitou tanto de Jesus como hoje.

Nunca as criaturas humanas tivemos uma necessidade tão urgente de amar o nosso próximo quanto nestas horas.

Ele prometeu que voltaria, e já veio na roupagem da Doutrina Espírita.

Agora Ele vai tomar conta das paisagens do nosso coração e dominar-nos interiormente de tal forma que, lentamente, dominemos as paixões inferiores que nos ferreteiam e libertemos o anjo encarcerado, que é Deus em nós.

Temos necessidade de viver a Boa-nova intensamente.

Dias houve, no passado, em que oramos no alto das montanhas ante labaredas crepitantes, falando aos imortais, para logo descermos aos grandes rios, às suas margens, levando o monstro da guerra, o expansionismo.

Nas cavernas oramos a Deus e saímos às planícies para matar inimigos.

Cultivamos Deus no deserto e matamos os filisteus.

Ouvimos Jesus na montanha e espalhamos o terror.

Cultivamo-lO nas catacumbas e semeamos as Cruzadas.

Hoje, desvelado pelos imortais, não nos permitamos utilizá-lO para os nossos fins ignóbeis.

Jesus é Amor, e aquele que ame, mesmo que O não conheça, está com Seu psiquismo, e se O conhece, está em sintonia com Ele.

Desta forma, demo-nos as mãos, corações unidos, e amemos a qualquer preço, construindo o Reino de Deus no aturdido mundo de hoje.

Abençoemos a Ciência, a Tecnologia, as artes, o pensamento em florilégios de beleza; mas vivamos o amor intensamente, para que todos saibam que somos Seus discípulos, encarregados, como cartas vivas, de expendê-lO por toda a Terra.

Filhos da alma: não recalcitremos. Este é o nosso dia! Esta é a hora da verdade!

Bem-aventurados aqueles que nos desincumbirmos dos deveres que nos são oferecidos pelo amor.

Ide, pois! Vivei Jesus, divulgando-O pelo exemplo, no pensamento, nas palavras e nas ações.

Exoramos a Sua misericórdia para nossas necessidades e pedindo-Lhe que nos abençoe, sou o servidor humílimo e paternal de sempre,

Bezerra

Mensagem X

MEUS IRMÃOS:
MUITA PAZ!

Desdobram-se-nos, convidativos, os labores do bem, em nome de Jesus, desafiando-nos ao serviço. Dificuldades e lutas, problemas e dores constituem sinais de identificação com o programa da Vida superior, a fim de implantarmos, em definitivo, na Terra, a dinâmica do Evangelho, conforme o viveu o Divino Amigo de todos nós.

Não nos reúne o acaso para a desincumbência desse ministério, a que nos entregamos com a alma tocada pela responsabilidade do dever a ser cumprido.

Ocorre que somos viandantes de antigas lides pouco proveitosas, nas quais a insânia e a insatisfação nos assinalaram os passos com expressiva soma de compromissos negativos que ora nos pesam na economia espiritual, aguardando justa regularização.

Não estranhemos, assim, as surpresas desafiadoras que repontam periodicamente, parecendo ameaçar o avanço. Não obstante a gama dos testemunhos a dar, não nos têm faltado os recursos abençoados da Vida maior erguendo-nos dos impedimentos e corando de êxito as realizações encetadas...

Sucede que a Obra é de Jesus e que, apesar das nossas imperfeições, Sua Misericórdia Soberana supre as nossas deficiências.

Dando-nos as mãos, unidos no ideal da caridade, avancemos com Jesus e para Jesus, fazendo o melhor ao nosso alcance, na certeza de que a sombra é convite à claridade, quando a doença é conclamação à saúde, e que nós, felicitados pela oportunidade de serviço santificante, saberemos corresponder à expectativa dos nobres instrutores da Humanidade, produzindo corretamente conforme nos comprometemos...

Rogando ao Senhor que nos ampare e nos abençoe, sou o servidor humílimo de sempre,

Bezerra

Mensagem XI

MEUS FILHOS,
QUE JESUS NOS ABENÇOE.

Prosseguir intimoratos e intemeratos é um impositivo neste momento.

Edificar o Reino dos Céus nos corações, sem violência, é o dever que nos cabe, iniciando nas paisagens íntimas de cada um de nós.

Não há tempo para ser malbaratado na ilusão nem aplicado de maneira incorreta nas frivolidades humanas.

Este é o momento de construir o bem, divulgando a bela Doutrina para o mundo aturdido dos nossos dias.

Jesus confia em nós e necessita-nos, porquanto aguarda que Lhe sejamos as cartas vivas, a fim de que o mundo leia em nossos atos a Sua Mensagem de vida imortal.

Tendes um compromisso com o Espiritismo, com o Cristianismo que defraudastes em outras oportunidades. Renascestes assinalados pelo compromisso de reedificar a fraternidade e o amor, em nome do Amor não amado, nos corações humanos.

Porfiai, sendo fiéis até o fim, mesmo que sob chuvas de calhaus, sobre espículos dolorosos e veredas intransitáveis.

O Mestre, que vos ama, espera-vos.

Avançai, portanto! Avançaremos convosco, filhos de alma, abraçando-vos com carinho paternal, o servidor humílimo,

Bezerra

Mensagem XII

Este é o nosso momento, não reajamos mais, não nos deixemos dominar pelos vícios que milenarmente têm carcomido nossos ideais. Não nos deixemos arrastar ao fosso abissal de onde estamos emergindo, porque, graças a Deus, já no planalto da fé renovada, entramos em contato com o psiquismo do amor na sua expressão mais elevada.

Bendigamos então a dor, meus filhos. Assumamos uma atitude de aceitação e de compaixão em relação ao sofrimento.

É compreensível que a dor da saudade de um ser que se afastou do vosso caminho dilacera-vos, deixando que aquela presença do ausente produza angústia e proporcione lágrimas. Bendizei, porém, este momento, considerando que o ser amado voltou para Casa. Na Pátria, aguarda-vos. Vivei de tal forma que o possais reencontrar também vós, aureolado de bênçãos.

Diante das enfermidades degenerativas que tanto afligem, agradecei as bênçãos dos Céus que vos honram com o ensejo de reparação.

Enquanto vige a luz do esclarecimento e a oportunidade, agi no bem, no bem trabalhai, no bem vivei. Transformai a vossa vida num evangelho de feitos.

Enquanto a Ciência Médica propõe uma bioética para os seus avanços, nós vos propomos uma Cristoética, a ética de Jesus em vossa conduta.

Não temais! Nunca estareis a sós no silêncio do testemunho!

Na intimidade do *quarto* interior de oração, abri-vos, e os Céus preencher-vos-ão de melodias, de presenças de zéfiros, que aos vossos lados estarão sustentando-vos.

Crede-me: Cristo vive e aguarda por vós.

Avancemos na sua direção, filhos da alma.

Envolvendo-vos em ternura, recebei o carinho paternal do servidor humílimo de sempre,

Bezerra

Mensagem XIII

Que Jesus, o Amigo por excelência, nos abençoe e nos guarde na Sua paz.

A grande noite expande-se. Adensam-se as sombras. Uma ameaça paira por cima de todas as coisas, desafiando as criaturas humanas. Materializa-se a profecia que anunciava o momento culminante do processo de evolução terrestre.

Dissociam-se os impositivos expiatórios da Lei de Causa e Efeito para abrir espaço à regeneração que se deve operar nos Espíritos terrícolas.

Ao lado do progresso tecnológico, das conquistas incomparáveis da Ciência, estão o sofrimento, o desar, a angústia, as incertezas...

O ser que penetrou as micropartículas não logrou adentrar-se em si mesmo. A inteligência que interpreta o Cosmo ainda não logra entender a sua finalidade existencial. E, por isso, o grande paradoxo: a evolução horizontal e o nivelamento dos valores ético-morais nas bases do desequilíbrio.

Jesus, quando veio ter conosco na Terra, abriu-nos as percepções para compreendermos a realidade existencial e avançarmos no rumo da plenitude.

Percebendo, no entanto, as nossas deficiências infinitas, os nossos vínculos fortes com a retaguarda, definiu que seria necessário o Seu retorno, para que nos pudéssemos elevar, desde que faltavam as estruturas morais no Seu tempo para essa grande revolução.

Entre Ele e nós veio o Luteranismo quebrar a hegemonia da fé totalitária de então, abrindo perspectivas para melhor entendimento do Evangelho conforme Ele o viveu. Mesmo assim, com Martinho Lutero os nossos tormentos não permitiram que pudéssemos ser fiéis ao Evangelismo, e logo nos separamos uns dos outros, divididos pelo egotismo e pela presunção intelectiva, derrapando em mais de duas mil denominações diferentes, que se impõem a vantagem de cada uma possuir a verdade absoluta.

Agora a mensagem dos imortais nos alcança com clareza. A sepultura misteriosa e sombria rompe-se, e uma madrugada de luz sai dos escombros do que foi a matéria para dizer: "Não existe morte, só há vida! No corpo ou fora dele, a vida estua. Exultai e avançai na direção da liberdade".

O Espiritismo, conforme no-lo apresentou Allan Kardec, possui a chave que interpreta os enigmas existenciais e é a senda iluminativa pela qual nos cabe avançar ao encontro da plenitude.

Que estamos fazendo do novo Cristianismo, meus filhos? Dissentimo-nos, divergimo-nos, hostilizamo-nos uns aos outros. Subestimamos o trabalho do nosso irmão com a veleidade de que estamos mais bem orientados do que ele.

Não é isto que aprendemos com Jesus. Ele ensinou-nos que o mais esclarecido ajude o mais ignorante, que o lúcido aclare o obumbrado. E aquele que tem discernimento apresente os vários caminhos, narrando a excelência de um e os perigos do outro, permitindo, no entanto, que cada qual siga conforme o seu nível de evolução.

O Centro Espírita, meus filhos, é um tabernáculo. Não importa onde o ergamos psiquicamente. A construção mental atrai para ali mestres e orientadores, mas também aflitos e desesperados, fazendo que se transforme em uma escola de educação e de reeducação; em um hospital para o atendimento de mazelas, em uma oficina para o trabalho de dignificação.

Estais na veneranda Albion, intentando implantar o Cristianismo Restaurado. Não vos esqueçais de implantá-lo no íntimo de vossas almas para que aqueles que as contemplem saibam que sois diferentes; que a vossa mensagem não traz o rótulo de uma seita nova, com os prejuízos das igrejas velhas.

Que se interessem, aqueles que vos observam, pelos vossos princípios, porque veem em vós a excelência dos seus resultados.

O mundo está cansado. As escolas de pensamento encontram-se em todo lugar, com propostas de qualidade superior.

A lição de Jesus é diferente, meus filhos.

Buda conheceu a opulência, para depois buscar o caminho do meio. Maomé viveu os desafios da pobreza de uma pequena herança, mas logo depois conheceu a fartura, até receber a inspiração no monte. Krishna descendia dos Pândavas. Bah'auláh, na Pérsia, havia recebido as lições do Corão e buscou reformá-lo em uma grande síntese de amor.

Jesus, ao eleger a estrebaria para nascer, assim o fez como se procurasse os nossos corações para neles refugiar-se e iniciar a trajetória de dentro de nós para o mundo.

Despediu-se da Terra numa cruz de braços abertos para afagar.

Todos quantos morreram sempre estavam deitados. Jesus, porém, morreu de pé. Acima da Terra, como uma ponte de Transcendência Divina. Isto, porque Ele é o Pastor Incomparável. E todos aqueles que vieram, abrindo caminho, são emissários Seus, sob Seu comando.

Hoje, ressuscitado no Espiritismo, convoca-nos, oferecendo-nos o Seu legado, mordomos infiéis que somos, servos desatentos que falhamos inúmeras vezes, dispondo, no entanto, dessa luminífera oportunidade para reabilitação.

Não vos perturbeis! Não perturbeis ninguém. A nova e antiga ordem é amar. Somente o amor se converterá numa chama que ateará o incêndio para anular a grande noite, transformando-a numa madrugada voluptuosa de luz.

Sois os embaixadores da Nova Era. Conscientizai-vos e ide adiante!

Tendes problemas, bem o sei. Quem os não teve na romagem terrestre? O próprio Mestre não os dispensou.

Tendes necessidades. Anelais pela paz, pelo prazer, pela fortuna, pela saúde, e todas são meritórias aspirações. Que a sua falta não vos constitua, porém, motivo de desespero nem de amargura.

E porfiai no bom combate!

Cada um está no lugar que deve. Aquietai-vos! Asserenando-vos, abri-vos à verdade e ela vos orientará. Amigos espirituais nobres inspiram-vos. Ouvi-os. Escutai as suas diretrizes e espalhai o reino que tarda. Se é verdade que o Senhor não tem pressa, igualmente não posterga oportunidades.

Acompanhamos-vos, ouvimos os vossos apelos mentais. Participamos da vossa solidão, dos vossos anseios humanos e procuramos minimizá-los.

Nunca vos permitais a sensação de que estais abandonados. Talvez, em solidão com Deus, sim, considerando, porém, aqueles que estão na multidão, no entanto sem Deus.

Segui adiante encorajados! Todo pioneiro caleja as mãos, embrutece a tez aos raios ardentes da luta e dulcifica a alma ao caminho de Deus.

Continuai, pois, vigorosos e animados, certos da vitória final.

Somos uma família que reencarnamos, desencarnamos e retornamos em grupo para a vitória coletiva.

O êxito de alguém faz que ele estenda a mão para a retaguarda, para erguer o que está tombado no chão.

Coragem, meus filhos! E que Deus vos abençoe!

São os votos do servidor humílimo e paternal de sempre,

Bezerra

Palavras de alerta

Espíritas, meus irmãos!

Somos viandantes da mesma jornada. Chegamos do mesmo ponto de origem. O Senhor convidou-nos para o banquete de luz e de solidariedade que se deve estabelecer na Terra... Antes, alegrai-vos, *porque tendes os vossos nomes escritos no Reino dos Céus*!

Nós, vossos amigos-irmãos, Espíritos-espíritas, que atravessamos o vale das sombras do mundo, sabemos quanto é áspera a caminhada no solo sáfaro da Terra de hoje.

Não vos apresentamos um código de honra ou de dever acima das vossas possibilidades.

Propomos-vos a oportunidade redentora que pedistes para reabilitardes as vossas vidas, que no passado se permitiram enlouquecer.

Suplicastes ao Senhor o ensejo de viver esta hora, por isto estais reencarnados neste momento de transição, para ajudardes o *planeta de provas e expiações* a se transformar em *mundo de regeneração*.

Chorai, antes que venhais a fazer outros chorarem...

Sofrei, sem serdes instrumento dos sofrimentos alheios, porém amai, e amai muito, porque o amor é o zênite e o nadir das nossas vidas...

Viver é a vossa oportunidade, na atual existência, de desvelar Jesus...

Aqueles que vos antecipamos na viagem de volta retornamos sempre para ajudar-vos e dizer-vos da necessidade do bom ânimo.

Não vos enganeis, não enganeis ninguém.

Sede vós as estrelas da noite escura, o pão para diminuir a amargura...

Jesus espera muito de todos nós.

Se, por um lado, suplicamos-Lhe apoio, pedimos-Lhe amparo, Ele atende; por outro lado, que sejamos nós aqueles que amparemos os mais aflitos, os mais impiedosos, os mais rebeldes, porque se o amor, que deve vicejar em vós, ressequir-se, que será deles, os que não provam da oportunidade do bem?

Tende tento!

Desenhai nas vossas almas os sinais de alegria pela honra de servir e aceitai de bom grado as provas e os testemunhos, que buscaremos amenizar, na medida do possível, sem retirar-vos *o fardo que é leve* nem a determinação do *jugo suave*, sem os quais enveredaríeis outra vez pelos mesmos labirintos de loucura e de autodestruição.

O Senhor conta convosco. Saí hoje, da nossa casa, com a alma prenhe de júbilo e demonstrai à sociedade, como os cristãos o fizeram à dos seus dias pretéritos, que é possível viver Jesus, seguir Jesus e retratar Jesus através do amor.

...E, por meio das vossas faculdades mediúnicas, acendei a luz do bem, para que ela aqueça os corações enregelados e o anjo da caridade espalhe na Terra a esperança, a paz e o amor...

Que o Mestre Jesus nos abençoe, filhos da alma, e que cada um de vós se torne *a carta viva do Evangelho* escrita por Jesus no vosso psiquismo, para a felicidade dos homens...

Com o carinho paternal de sempre, o velho amigo e servidor humílimo,

Página de encorajamento

JESUS TOMA CONTA DE NÓS.

Durante quase dois mil anos pedimos para que Ele desça até nós, a fim de atender as nossas imensas necessidades.

Hoje, meus filhos, Jesus espera que vamos até Ele.

Rompamos os elos escravocratas que nos retêm às paixões primitivas, vinculando-nos ao passado de sombras e de equivocações.

Transformemos as nossas dores em asas de luz para podermos planar acima das vicissitudes.

Sabemos, os Espíritos que vos amamos, das dores acerbas e das aflições que vos crucificam. Não somos alienígenas entre vós. Atravessamos os mesmos caminhos por onde agora transitais. Conhecemos as ciladas da sombra, as dificuldades da vereda, mas não podemos recomendar outra trajetória, senão aquela que foi percorrida pelo Mártir do Gólgota, seguida pelo Apóstolo de Assis.

Cantai, quando as vossas dores se vos fizerem mais intensas.

Bendizei, quando vos deparardes afligidos, mas não afligentes.

Alegrai-vos por serdes lembrados pelo testemunho purificador.

Os triunfadores de um dia também abandonam a carcaça, que se decompõe, para enfrentar a consciência que desperta.

Bem-aventurados sois, bem como todo aquele que ama e entende que a experiência carnal, em vez de ser uma viagem pela ilha do prazer e da fantasia, é uma experiência autoiluminativa.

Não vos prometemos as ilusões que tipificam o mundo.

Não vos acenamos com as glórias transitórias, mas afirmamos-vos: sede fiéis e encontrareis a Vida em triunfo, na qual a plenitude estará ao vosso alcance.

Filhos da alma, porfiai no bem, mantende-vos estoicos!

Iluminai o lado *sombra* que teima em predominar e, cantando um hino a Jesus, dizei que sois instrumento para a Sua Vontade, a fim de restaurar na Terra o primado do Espírito, alterando as estruturas do planeta neste momento em que se anuncia a Era Nova, que se caracterizará, de começo, pelas grandes transformações.

Tende bom ânimo, vós que sofreis.
Mantende a coragem, vós que amais.
...E, dando-nos as mãos, avancemos.
Jesus espera-nos!
Que Ele nos abençoe, nos guarde e nos dê a Sua paz.
São os votos do servidor humílimo e paternal de sempre,

Bezerra.

Palavras de alento

S..."Senhor, já que me convidas, eu aqui estou às Tuas ordens. O que é que Tu desejas de mim? Dize-mo, e eu o farei". E ouviremos no ádito de nosso coração: sê melhor filho para teus pais; sê melhor consorte para teu parceiro; sê melhor irmão para o teu consanguíneo; não procures salvar o mundo de longe, liberta-te do mundo de dentro; sê mais amigo do teu próximo que está mais perto de ti.

É muito fácil amar alguém com quem não convivemos e é muito complicado conviver com a pessoa difícil de amar.

Renunciar à riqueza, ao prazer que dá prazer, à alegria que dá a compensação, para mudar o mundo pela nossa mudança, eis a proposta de Jesus.

Não nos encontramos reunidos nesta tarde pelo capricho do acaso; não estamos aqui, hoje, por uma injunção da fatalidade, mas porque pedimos ao Senhor que nos honrasse com a oportunidade de entendê-lO; porque as vestes rasgadas pelas doenças, mesmo quando depuradas, voltam a romper-se pela degenerescência.

Nós pedimos a Jesus que nos concedesse a oportunidade de dilatar a mente para podermos entender a Sua Mensagem luminífera e libertadora.

Pedimos que nos facultasse a oportunidade de amar para bem servir.

Já experimentamos o carro triunfante da ilusão; tivemos a oportunidade de esmagar outras vidas; bebemos o néctar do prazer até a intoxicação; já provamos da amargura, do ódio e ainda carregamos o azinhavre do ressentimento.

Hoje, meus filhos, é o momento de tentarmos o amor.

O Mestre espera muito de nós.

Aqui estamos para pedir-Lhe que nos harmonize a família, que nos propicie dignidade para o ganha-pão, que nos ajude no equilíbrio psicofísico.

Mas Jesus também necessita muito de nós.

Vejamos: falamos a Deus orando, Deus nos responde inspirando-nos, mas atende a outra criatura através de nós, como criaturas que somos.

Não vos escuseis de servir; não vos considereis destituídos de recursos para a autoiluminação; não vos queixeis de carências neste mundo de fortunas perturbadoras.

Tendes muito a oferecer em favor da Era Nova.

Não vos preocupeis com o novo milênio que se desenha. Meditai nesta noite que atravessais; amanhã é outro dia, mas hoje é o santo momento de ajudar.

Sede vós aqueles que levam Jesus, por cujos lábios a sua meiga voz alcança o desespero e através de cujas mãos a caridade se enfloresce no sarçal.

Sede vós aqueles que caminharão de passos trôpegos, mas não cairão nas armadilhas dos lobos.

Jesus vos espera, filhos da alma!

Agora, renunciai ao que entorpece, ao que escraviza e, livre como uma ave do céu, cada um de vós se erga para planar acima das vicissitudes.

Jesus vos espera; a todos nos espera.

Exorando as Suas dádivas de amor e de paz, suplicamos-Lhe que vos abençoe e que nos abençoe.

Que vades em paz para vossos lares; que as perturbações não vos inquieteis, que as provocações não vos perturbem, para que todos saibam que Jesus está convosco, e que vós estais com Ele.

São os votos do servidor humílimo e paternal de sempre,

Bezerra

Instrumentos de Deus

Nós somos instrumentos de Deus, somos violinos ainda imperfeitos, trabalhados em madeira tosca, sem o afinamento necessário.

Ainda somos o instrumento difícil, que mãos grotescas trabalharam no início e as cordas dos sentimentos estão sendo distendidas, para que o Violonista Divino possa tocar uma sonata em uma corda só.

Façamos a nossa parte: procuremos sintonizar com o Psiquismo de Deus, para que as mãos de Nosso Senhor Jesus Cristo nos alcancem.

Não nos justifiquemos por não nos encontrarmos em condições. Cada um de nós tem algo para dar, almejando que a divina melodia escorra do cérebro ao coração, saindo pelos lábios e pelas mãos.

Tornemo-nos instrumentos de Deus.

Filhos da alma, estais na Terra para o divino ministério, todos vós.

As vossas lágrimas são anotadas, as vossas dores são registradas, as vossas ansiedades recebem carinho dos construtores do planeta.

Tende ânimo, em qualquer circunstância!

Lembrai-vos de Jesus, que nos disse: "Eu venci o mundo, porque no mundo só tereis aflições".

Não queirais vencer no mundo dos enganos, dos engodos. Vencei-vos, porém, a vós próprios. Nunca, nunca estarei a sós!

Meus filhos: Jesus é hoje o mesmo Homem daquelas praias formosas, atendendo as ulcerações das almas e escutando a cantilena das nossas dores.

Equipai-vos de luz, armai-vos de amor e ide, ide em paz.

Os bons Espíritos que aqui estão pedem-nos para dizer-vos: ide em paz!

Não vos deixeis perturbar, mantende as vibrações de harmonia; guardai-as, perseverando em paz.

Que o Senhor nos abençoe, nos guarde e permaneça conosco!

São os votos do servidor humílimo e paternal de sempre,

Bezerra

Convite à responsabilidade moral

MEUS FILHOS:
QUE JESUS NOS ABENÇOE!

"O meu Reino não é deste mundo" – lecionou-nos o Mestre Incomparável. Não obstante, o Seu Reino começa neste mundo de provas e de expiações redentoras, onde nos encontramos.

Não seja, pois, de estranhar as horas ásperas que se vivem no planeta terrestre.

Este momento da grande transição, a que Jesus se referiu quando afirmou "que os tempos estavam chegados", caracterizava de maneira incontestável a advertência que os cristãos não podemos ignorar. Ei-los, pois, agora, diante de nós, compelindo-nos a enfrentar a colheita da nossa inexplicável vilania pretérita, dos nossos desastres morais do passado, da nossa incúria transata.

Não nos encontramos hoje, neste abençoado reduto de provas, a experimentar o sofrimento por imposição caprichosa do acaso.

A Terra é um jardim que transformamos em matagal; é um pomar de bênçãos, que deixamos se fizesse sarçal, por isso mesmo nos cumpre modificar-lhe a paisagem sombria, a fim de que logo mais, transformando o orbe terrestre, possamos viver a "Jerusalém libertada" das páginas abençoadas da Boa-nova.

É momento grave este que todos vivemos.

Não sejamos daqueles que se transformam em juízes impiedosos da incúria do nosso próximo, seja ele quem for. Não fomos convidados a estabelecer penalidades cruéis para os equivocados, equivocados que somos quase todos nós, corresponsáveis pelas ideias que grassam em toda parte.

Não nos compete, é certo, a anuência com o crime, a conivência com o erro, mas também não nos é lícito utilizarmos da oportunidade para zurzir o látego, apedrejar o próximo e tornar insustentável o momento, sem que resultem significativas transformações para melhor.

Cumpre-nos atender ao próprio dever; é-nos lícita a tarefa de minimizar os males e de aprender com o sofrimento geral, a fim de não reincidirmos nos mesmos erros.

Estamos chamados à vigilância neste momento decisivo da história do país e da Humanidade, momento no qual o nosso comportamento gerará fatores que, mais tarde, serão examinados com o mesmo rigor com que hoje fazemos a avaliação das causas dos sofrimentos que estamos vivendo.

O cristão decidido é aquele que opera no bem, o que o bem edifica, o que o bem divulga.

O mal não merece maior consideração, pois que os maus não fugirão da própria consciência.

Sejamos aqueles que disputam a honra de servir mais.

Tornemo-nos os obreiros sensatos da edificação, contribuindo para uma nação feliz e digna, uma sociedade próspera, porque o nosso futuro feliz, que nos aguarda, está sendo trabalhado desde agora com a nossa definição e conduta.

Filhos da alma, vigiemos e oremos.

Jesus confia em nós e espera muito da nossa conduta.

Mensagem de fé e coragem

Vivemos o grande momento do desafio, quando a Terra, ululando sob o açoite de mil paixões, estorcega na agonia e estertora em lágrimas.

No momento, quando a dor asselvajada distende seus tentáculos e, estrídula, despedaça os corações, Jesus, em nome do Amor, retorna para erguer a criatura esfacelada, reconstruí-la e conduzi-la de volta a Deus.

Quando aparentemente todos estiverem sitiados do Norte ao Sul, do Leste ao Oeste pelo desespero, em vez do salto no abismo, o socorro virá do Alto. A proteção divina, que nunca falha, chegará para alçar o ser fragilizado às cumeadas do bem.

Tende, pois, bom ânimo, vós que sofreis!

A dor é um sinete bendito que marca os eleitos do Senhor.

Enxugai o pranto, evocando os seres amados que abandonaram a indumentária carnal.

Fazei silêncio interior e escutai-os! Eles vivem e estão convosco pelos vínculos do amor e pela comunhão psíquica.

Vós, que experimentais carências afetivas, sociais, econômicas e de saúde, confiai!

São bem-aventurados todos aqueles que ressarcem, porquanto eles participarão da Glória de Deus.

Não vos escuseis a servir, porque vos encontrais sob os açoites da provocação.

Servir quando tudo está bem é filantropia e também humanitarismo.

O serviço da caridade é o que leva o suor, em nome do Amor, e o que se caracteriza pelo sacrifício.

Não vos preocupeis com aqueles que preparam armadilhas. Segui em frente! Porque somente lobos caem nas armadilhas de lobos.

Fostes convocados para o banquete nupcial, e a vossa indumentária de noivado são as condecorações invisíveis que o sofrimento insculpe na alma.

Não vos iludais com o sorriso da fantasia, mas reflexionai com a serenidade dos desafios.

Jesus espera-nos e, enquanto imploramos Seu socorro, Ele nos pede que O levemos aos desassisados, aos sofridos, aos angustiados.

Entronizai-O em vossa mente e fazei-O dominar a província emocional do coração, para que Ele respire em vossos sentimentos, module vossas vozes, atue em vossas mãos e se movimente pelos vossos pés caridosos.

Tende coragem! Porque, por mais larga seja a experiência fisiológica, chega o momento em que o anjo silencioso da libertação acerca-se e, desatrelando o ser do corpo físico, ala-o às paisagens imarcescíveis da Imortalidade triunfante.

Filhos da alma: não vos agasteis com as questiúnculas insignificantes do dia a dia, não vos perturbeis com as manifestações de somenos importância. Elegei "o Reino dos Céus e sua justiça, e tudo vos será acrescentado".

Rogando ao Senhor de bênçãos que nos abençoe, nós, os Espíritos-espíritas que aqui mourejamos, abraçamos-vos carinhosa e paternalmente, como servidor humílimo de sempre,

Prece e conclamação

Quantas vezes o suave Rabi nos tem chamado através da História!

Quantas vezes cometemos infidelidade!

Quantas vezes afirmamos que O acompanharíamos!

Repetidamente, século após século, a Sua voz chegou à acústica dos nossos ouvidos, conclamando-nos a uma mudança de atitude perante a vida. "Eu venci o mundo" – diz a Sua voz.

Este é o momento de vencerdes a vós mesmos.

Hoje, Senhor, passados cem anos daquele dia memorável, em que nos reunimos como Teus discípulos, para colocar na Terra as bases deste santuário de amor, erguemo-nos para dizer-Te que Te amamos e que Te seremos féis na sucessão dos tempos.

Passamos pela tela mental a evocação dos companheiros da retaguarda, em toda parte envolvidos pelo cipoal das paixões.

Apiada-Te, Senhor, e desembaraça-nos do nosso enovelamento.

Este é o momento de todos nós. Amanhã certamente será tarde demais.

No passado, ateamos as labaredas que destruíram a Tua obra, mas não Te alcançaram a vida, soberana e pura.

Hoje, já não dispomos do circo e da roda, do poste de sacrifícios e das feras, porque todos eles estão dentro de nós próprios: são as nossas paixões dissolventes. Não obstante, fitamos-Te à nossa frente; vemos-Te, de braços abertos, esperando-nos suavemente.

Permite que Te alcancemos.

É a nossa oportunidade máxima.

Não haverá mais tempo amanhã, porque aqueles que Te amamos compreendemos que este é o momento de nossa libertação.

Meus amigos, o mundo nos convida à delinquência e à alucinação. Jesus nos chama à renúncia e à sublimação.

Decidamos agora pelo Cristo, porque o tempo urge e a hora passa.

Permaneçamos fiéis ao mandato do amor e nada nos acontecerá que nos macere, que nos maltrate, porque somente o bem é a luz gloriosa que fulge à nossa frente.

Que o Senhor nos abençoe e a nossa Casa dos Benefícios permaneça em luz, como labaredas de amor para aqueles que ainda não despertaram para a vida.

Muita paz. Muita luz.

É o que deseja o servidor humílimo de sempre,

Compromisso com Cristo Jesus

Meus filhos,
que o Senhor nos abençoe!

Estes são dias semelhantes àqueles, quando sombras se adensaram em tentativa frustrada de obscurecer a luz.

Jesus, a Luz do mundo, espalhou a claridade da esperança, não obstante a treva teimosa tentasse impedir-Lhe a projeção.

Hoje, não são diferentes as circunstâncias. Como outrora, há predomínio da força sobre a razão; da impiedade sobre a justiça; da anarquia sobre a ordem; da violência sobre a paz; do vandalismo sobre a harmonia; da agressividade sobre a pacificação.

Os poderosos da ilusão cavalgam o ginete da loucura e espalham o fogo voraz do ódio, olvidando-se de que as labaredas crepitantes devorarão igualmente o seu trono.

A astúcia sobrenada, colocando-se acima da inteligência e do discernimento, erguendo louros à volúpia sem dar-se conta de que o fogo-fátuo cede lugar à realidade objetiva.

As criaturas humanas, desnorteadas, armam-se umas contra as outras, embora a voz do Mestre conclame que se devem amar umas às outras.

Não seja, portanto, de surpreender que haja primazia dos valores utópicos em desrespeito às realidades demoradas, e que o gozo, na forma enganosa do prazer, açule a imaginação para o desfrutar até a taça amarga do despertamento.

Aumenta a miséria social; avoluma-se a mole humana sem teto; o analfabetismo campeia nos países sem rumo, e a morte prematura ronda os berços da oportunidade, ceifando vidas; as enfermidades cruéis mutilam o corpo, a mente e a alma, e a fome tornou-se o fantasma sempre diante de multidões que perecem à míngua de pão.

Mas, nos países da opulência, o alcoolismo dizima legiões de vítimas ao comando do *delirium tremens*; as drogas aditivas criam dependência ultriz, cavalgando a juventude sem norte; os vícios profundos das gerações transatas ressurgem na velhice desesperada pelo fim do périplo carnal; a ambição galopa engendrando as "máfias" que desgovernam nações e criaturas, e espalham-se com os espetáculos cruéis da sua dominação por toda parte.

É uma paisagem triste e erma!

Por outro lado, a cultura sem Deus atinge expressões surpreendentes nas técnicas, na Ciência e nas realizações das doutrinas avançadas, tornando a Terra um grande paradoxo.

Não obstante o aspecto calamitoso, o progresso vem trabalhando o granito das consciências, esculpindo as asas do anjo da libertação das vidas.

Há muito horror, porém milhares de cientistas abnegados estão refugiados nos laboratórios, nas pesquisas para debelar as enfermidades destrutivas, temerárias.

Audaciosos nautas entregam as vidas procurando pouso nas estrelas. Mãos calejadas movem a enxada, sulcando a terra para aumentar a produção de grãos.

Mentes engenhosas devotam-se às facilidades para atender as criaturas humanas, diminuindo-lhes a fome. Geneticistas mergulham a mente na multiplicação das formas de vida, diminuindo o aspecto destruidor da condução humana diante do destino que parece não ter fim, e Jesus, governando a nau terrestre, condu-la ao porto do seu destino.

Há sol que brilha, apontando-nos rumos nestes pélagos vorazes de um oceano tumultuado; como os nautas doutrora, ante a estrela polar encontraram o roteiro para as suas viagens de descobrimentos audaciosos, e o Evangelho chega-nos como carta-roteiro para nos direcionarmos no tumulto e na confusão a fim de encontrarmos o tesouro da paz.

Não vos desespereis, entregando-vos ao pessimismo e à amargura, à doença dos sentimentos ou à indiferença com os destinos humanos!

Reencarnastes, comprometidos com o Cristo vivo, no momento áspero da grande transição para promover-lhes o bem, sem esperardes que sejam favoráveis as circunstâncias.

Herói que encontra pronto o campo e vencida a batalha não é digno das comendas, considerações e da plenitude que lhe estão reservadas.

É necessária a luta tirânica, titânica, forte, que prepara os lídimos doadores do bem.

Fossem diferentes as circunstâncias e ditosa a sociedade, qual seria a finalidade do Consolador? Diversa fosse a geopolítica humana, adiantaria, por acaso, que a Voz da Verdade viesse conclamar as consciências a assumirem o papel que lhes está destinado?

É certo que se mede o valor do combatente pela força da refrega, e é na batalha que se consagram os mártires, os estoicos, os idealistas.

A Doutrina Espírita, para nós, é o campo fértil da nossa reabilitação dinâmica, no qual entesouraremos as moedas de luz, para atirá-las na direção do futuro, que veremos com olhos espirituais.

Abençoados pela paz, o que desfrutaremos em novas indumentárias carnais, sem o peso confrangedor dos delitos, dos desequilíbrios, das aflições? O vosso trabalho é de ensementar a palavra luminífera no solo das almas.

Não viestes à Terra para colher, exceto os cardos deixados pelo caminho, recolhendo as agruras que a insensatez foi colocando pela estrada.

Conscientizai-vos de que insucesso aparente é patamar de glória futura, e dificuldade de momento é desafio para amanhã.

Não vos faltarão, como não vos têm faltado, o apoio do Senhor, a misericórdia da paz e os recursos indispensáveis a uma jornada assinalada pela dignidade, pelo valor, pelas alegrias possíveis que refazem do cansaço para novos empreendimentos.

Não agasalheis sombras na alma, nem a rebelião dos atormentados do caminho, para que não vos torneis mais um deles.

Sede a voz da brandura, o ritmo do bem, o compasso do equilíbrio.

Torne-se vossa a voz da esperança no meio do desconforto moral. Num barco que soçobra, alguém em equilíbrio torna-se a salvação do grupo desesperado. E se este alguém se incorpora ao clamor dos aflitos, nenhuma vida ou a embarcação serão salvas.

Filhos da alma, amados companheiros: não vos trazemos teorias inaplicáveis nesta hora, pois somos viandantes do mesmo caminho, viajantes da mesma experiência. Não nos são estranhas as circunstâncias terrestres, que mudaram de tempo, atualizaram métodos, mas não atuaram intrinsecamente nas causas.

Conhecemos o vale das experiências humanas, por onde transitamos ontem no corpo e por onde deambulamos hoje como Espírito imortal.

Temos a tarefa de vos alentar neste momento difícil, permitindo que o vosso trabalho de luz vos clareie interiormente, e o bem de que sois portadores faça-vos bem.

É certo que muitas pressões vos constrangem o coração e maceram os sentimentos.

Que esperáveis? Estamos em um pioneirismo.

O Reino de Deus ainda não se estabeleceu, e Jesus permanece o grande ignorado.

A Sua Doutrina, renascida na *Revelação Espírita*, continua combatida para não ficar combalida. Ela se reestrutura nas vossas fracas forças.

Perseverai, pois, estendendo o bem.

Não seja a vossa a voz que aplaude o crime. Tampouco seja a vossa a palavra estertorada que espalha petardos de violência.

Brandura, meus filhos, onde houver agressividade; paciência onde houver desesperação; coragem onde a fé parece bater em retirada. Jesus conta conosco e formamos um grupo homogêneo no qual, à semelhança de uma roda, mudamos de postura.

Vós estais no corpo, e nós outros, fora dele; amanhã estaremos aí, e vós outros estareis conduzindo-nos.

Demo-nos, pois, as mãos, formando o elo forte da fraternidade salvadora, libertadora, sem a presunção de salvar os outros, mas com a intenção de nos salvarmos a nós mesmos, para que o nosso exemplo alente os que não estão com forças de levantar-se na luta.

A resistência de uma construção está na sua pedra mais frágil, quanto a força de uma corrente no seu elo menos resistente.

Unidos, esperançados, lograremos a nossa meta, que é implantarmos na Terra o Reino da Luz.

Assim, prossegui intimoratos e intemeratos, com firmeza, olhando para cima sem perder o contacto com o chão, até o momento em que as asas da plenitude vos alem à montanha da sublimação.

Nunca vos sintais a sós, porque jamais o estareis.

Prometemos estar ao vosso lado até o fim, como Jesus tem feito conosco até aqui.

Desejava dirigir-vos estas palavras, neste momento muito grave, para que o pessimismo que grassa, a revolta que se avoluma, o desencanto que cresce não tomem conta das vossas vidas.

Sois o prolongamento da Luz. Brilhai!

Nenhuma treva pode sobrepor-se à claridade diamantina da verdade.

Permanecei, portanto, espalhando essa luz e tornando-vos portadores dela, sem reclamação, porque pedistes a honra, a glória de servir, para mediante o serviço serdes felizes.

Levai aos nossos amigos, nossos irmãos de luta, o bom humor e a coragem, a esperança e a fé, na certeza inquebrantável de que somos os heróis da sepultura vazia.

Nada nos deterá.

Ânimo, meus filhos!

Que o bem nos torne fortes, a claridade nos torne livres e a verdade nos faça felizes.

São os votos que vos formula o servidor humílimo e paternal de sempre,

Bezerra

Que Deus vos abençoe.

A Era da Luz

O Espiritismo, que hoje nos chega, abençoado, é a resposta dos Céus aos veementes apelos da Terra.

Neste momento grave, quando nós, criaturas humanas, sentimo-nos defraudados, angustiados, entorpecidos, o Mundo espiritual abre as suas comportas e derrama sobre nós a taça da misericórdia.

Não mais a dissensão nem o desequilíbrio, a amargura ou a rebeldia.

Vertem dos Céus, em direção à Terra, as respostas divinas, abençoando nossas vidas.

Jesus, meus filhos, ouve o nosso apelo e, sentindo compaixão, alonga as mãos de bondade para conduzir-nos pela senda estreita da iluminação.

Facécias, apelos, facilidades, ilusões medram em abundância pelo caminho, enquanto a nossa estrada é assinalada pela urze, calhaus, e o cipoal denso se enovela em nossos pés.

Nesse transe, a Sua doce voz, a distância, à frente, chama-nos e repete:

"Tende bom ânimo! Eu venci o mundo.

Vinde a mim vós que estais comprometidos com o Evangelho do Reino; que firmastes o compromisso de recomeçar na Seara de Luz".

Não relacioneis dificuldades nem problemas, incompreensões nem desditas.

O nosso modelo é Alguém que recebeu como prêmio uma cruz e possuiu em glória uma coroa de espinhos.

O nosso ideal é trabalhado no silêncio da renúncia, a fim de que as estrelas luminíferas anulem a noite da Humanidade.

Deste modo, meus filhos, surge madrugada nova, apontando o rumo.

Equipai-vos de amor.

Os vossos seres queridos, que vos anteciparam na viagem, estão aqui conosco cantando o hino de exaltação à vida e ajudando-vos na hora difícil.

Sede fiéis, pois sois candidatos à renovação do mundo, começando pela vossa própria renovação.

Não temais nunca!

Somente nos acontece o que é necessário para a nossa evolução.

O Mestre nos ama e aguarda a nossa decisão.

Permanecei, pois, intimoratos na senda libertadora, certos da vitória final.

Este novo período que ora se inicia é a Era da Luz Perene.

Alegrai-vos por terdes sido fiéis aqui, abrindo espaço para os que virão depois.

Bezerra

Mensagem de revigoramento

MEUS FILHOS,
DEUS VOS ABENÇOE!

Estamos em plena Seara da Luz!

As sementes da Era Nova estão sendo colocadas no abençoado solo dos corações.

Certamente, ainda não encontram as condições necessárias para germinar e produzir "mil por uma", qual a recomendação evangélica. No entanto, no momento próprio reverdecerão a terra, ensejando a visão feliz do mundo melhor.

Trabalhadores, que aguardamos uma sociedade justa e equânime, ainda defrontamos problemas, desafios e dificuldades que nos rondam os passos, tentando impedir-nos o avanço. Não desanimemos, porém, porquanto a construção de uma nova sociedade exige sacrifício e tempo.

O Senhor, pacientemente, vem aguardando por nós. E agora, quando nós resolvemos servi-lO, é natural que, localizados na indigência moral e retidos na inferioridade que nos caracteriza, ainda não tenhamos as condições de produzir o melhor. Não obstante, já logramos iniciar o trabalho do bem, que a Doutrina Espírita nos enseja nas abençoadas terras de Albion.

Obreiros do Mundo maior que nos antecederam na ensementação da Era Nova inspiram-nos, socorrem-nos e estão dispostos a ajudar-nos.

Perseverem, portanto, fiéis a Jesus e a Allan Kardec, na certeza de que lograrão as metas que perseguem, embora de momento pareçam muito distantes.

Nós outros, seus amigos espirituais, que transitamos por caminhos semelhantes ontem, aqui estamos ao lado de todos vocês, contribuindo com as migalhas de amor e as quotas de luz, para que o êxito seja a coroa colocada nas suas cabeças ao termo da jornada.

Rogando a Jesus, o companheiro de todas as horas, que nos abençoe, o amigo paternal de sempre,

Bezerra

Oração

Senhor!

No santuário que nos ofereces para a comunicação contigo, elevamo-nos em oração ungida de amor para agradecer-Te todas as dádivas com que nos enriqueces.

Embora as nossas imperfeições que nos maceram através dos tempos, resolvemo-nos por atender ao Teu apelo e aqui nos postamos em atitude reverente para dar-Te os melhores sentimentos, a abnegação e o amor, que Te pedimos converter em sementes de luz para os que se debatem nas sombras da vida.

Considerando todas as nossas dificuldades de Espíritos imperfeitos, que reconhecemos ser, nós nos oferecemos para contribuir em favor de um mundo melhor sob as Tuas bênçãos, imolando-nos na cruz do dever, que é nosso calvário de redenção.

Queremos agradecer-Te o ninho acolhedor que há um quarto de século nos agasalha; o templo de fraternidade onde edificamos os nossos sentimentos de nobreza; o hospital de almas onde erguemos vidas; a oficina de trabalho onde aprendemos a porfiar.

Apiada-Te das nossas limitações e ajuda-nos a servir-Te mais e mais.

Se contigo a vida áspera nos fere muitas vezes, que será de nós sem Ti?

Como avançar sem o Teu rumo?

Como chegar ao porto sem a Tua bússola?

Prossegue, portanto, Amigo Divino, conduzindo-nos durante o próximo quarto de século e inspirando-nos para que, ao terminar o nosso mandato, acerquemo-nos de Ti como servidores que apenas cumpriram com o seu dever.

Filhos da alma!

Não temam.

Durante a noite nasceu a estrela-guia de primeira grandeza, que é Jesus, apontando-nos o rumo para a Grande Luz.

Não temamos o desespero nem as circunstâncias aziagas.

Avencemos intimoratos, porque Ele cuida de nós.

Bezerra

Vivemos uma hora de muitos desafios

Desafios no lar, desafios no trabalho, desafios no grupo social, desafios íntimos. Estes, os piores, os mais graves, os desafios que ninguém conhece, que resultam dos nossos conflitos.

Temos necessidade imperiosa de um psicoterapeuta que seja incondicional amigo das nossas necessidades.

Temos necessidade uns dos outros; mais do que nunca, necessitamo-nos.

Ninguém pode realizar-se a sós, por mais pleno que se suponha ser.

Temos necessidade de viver no grupo social e promovê-lo, experimentando os efeitos positivos do grupo que estamos em promoção, para resolvermos o imenso número de conflitos que aturdem a sociedade tecnológica, a sociedade cibernética e biônica dos nossos dias.

A Doutrina Espírita equipa-nos com esses recursos sem pressa, mas com decisão; sem desespero e com tranquilidade.

Passaremos a vencer as nossas paixões inferiores, passa a passo, sem pretender a perfeição com um salto. Iremos limando as nossas arestas até o momento que possamos compreender que estamos engajados no contexto para promover a renovação social.

E a hora é esta, dizem os benfeitores do Mundo maior que confraternizam conosco, que convivem conosco, que nos convidam a ascender a eles sem estarmos a exigir-lhes que desçam sempre até nós.

Esses amigos, que ainda continuam descendo até nós, vêm hoje, mais uma vez, convocar-nos a uma mudança de atitude perante a vida, a uma atitude positiva diante da nossa consciência iluminada pela fé.

Este momento, meus amigos, vamos encontrar na proposta de *O Evangelho segundo o Espiritismo*: a lição da solidariedade, a lição do trabalho, a lição da tolerância, que são o tripé sobre o qual se assenta a verdadeira caridade. Por isso, conhecer o Espiritismo é uma grande responsabilidade.

Ontem, podíamos permitir-nos o luxo de nos equivocarmos, porque não havíamos encontrado a revelação lógica e clarificadora da Palavra de Jesus, que pode enfrentar o cientificismo sem dobrar-se às imposições do dominante materialismo terrestre.

Ontem, falamos de Jesus e sobre Jesus, diante dos céus estrelados. Mas, logo de imediato, descemos às praias do prazer, para gozar, para extorquir e para perseguir aqueles a quem submetíamos com o estridor da guerra, com as armas da destruição.

Ontem, durante a noite medieval, impusemos a mensagem do Evangelho de uma forma apaixonada e cega, para que o nosso *ego* dominador, em um sentido degenerativo, vencesse as almas tíbias.

Não hoje! Hoje mudou a paisagem.

Jesus, a quem amamos, desceu da cruz, veio às ruas, adentrou-se em nosso lar. Age pelas nossas mãos, fala pela nossa voz, move-se em nossos passos. Ele segue conosco pelas ruas, recolhendo os que foram vítimas da ventania, para que lhes ofereçamos agasalho.

Hoje, descrucificado o Mestre, Ele toma conta da nossa realidade interior, do nosso ser, e produz o milagre da transformação destes dias, prenúncio de uma nova era.

Não nos escusemos, não procuremos mecanismo de autojustificação para fugirmos ao nosso dever. Não nos deixemos engolfar pelas ilusões que encantam e que passam.

Permitamos que o Mestre, tomando conta de nossas vidas, proporcione-nos o avanço, Ele, que é integérrimo, tornando-nos íntegros e ligados ao Divino Pensamento.

Espíritas! Erguei-vos da postura de vítima e compreendei que estais na Terra por misericórdia do amor, para reparardes, para desenvolverdes o Cristo interno que jaz como a seiva da semente de vida, aguardando os fatores propiciatórios da germinação.

Estes são dias de muita importância para vossa realização.

Não tergiverseis, não postergueis, adiando a oportunidade de serviço. Examinai a mensagem, estudai-a, incorporando-a ao vosso comportamento, e sem a presunção de ter a importância que se projeta no cenário do mundo.

Sede importantes para vós mesmos. Sede vitais para o vosso desenvolvimento.

Hoje sabeis e não tendes mais mecanismos de desculpas. Conheceis a reencarnação e ela vos conclama a aproveitar o momento que passa.

Aprendestes nesses dias, equipastes-vos de recursos, valores e tesouros inalienáveis. Não os deixeis armazenados na mente ou esquecidos na memória, apagados no inconsciente. Ponde-os no coração e facultai que escorram pela vossa ação.

Sempre temos pedido a Jesus para que nos socorra, para que nos ampare, para que nos ajude.

Hoje, meus filhos, Jesus precisa de nós. Ele necessita do nosso contributo. Ele aguarda a nossa parcela para que o Seu pensamento predomine nas mentes e modifique as estruturas da sociedade.

Ide! Saí daqui O levando convosco e, diante dos desafios, amai. Não aceiteis a injúria, não aceiteis a agressão sem serdes superiores. Tornai-vos indenes à pedrada, ao contágio dos fatores que perturbam a criatura humana, e amai.

Hoje, sabeis, a nossa proposta tem o sabor dos nossos amigos espirituais, e a trazemos para que mediteis na vossa responsabilidade, de quem conhece o caminho e deve segui-lo, sem margem para as veredas nem os desvios.

...E, em qualquer circunstância, quando tiverdes dificuldade para discernir ante o apelo da consciência, estabelecei como bandeira de comportamento não fazer a outrem o que não desejardes que outrem vos faça. Aí estareis psicologicamente maduros, de consciência adquirida.

Que nos abençoe, meus filhos, a todos, o Senhor Jesus!

Que nos abençoe Nosso Pai!

São os votos dos Espíritos-espíritas, neste momento através do servidor humílimo e paternal,

Bezerra

Página de consolação

Meus amigos!
Meus irmãos!

Estamos na Terra para encontrar o Reino de Deus.

Viajores da longa noite dos tempos, acumpliciamo-nos com a loucura; deixamo-nos penetrar pelos aguilhões terríveis das paixões; escravizamo-nos aos desejos que arrebatam a vida em labaredas devoradoras, mas a Misericórdia Divina nos ofereceu o ensejo da reencarnação.

Vós, que chorais, fazei-o bendizendo a dor que vos rasga a alma, como o martelo que despedaça o metal em fogo para nele insculpir a forma.

Não recalcitreis.

Não vos revolteis.

Pagai em lágrimas a honra de preparardes a vossa libertação.

Todo parto dá vida, mas todo parto dói.

A vida, para viver, produz dor.

Foi assim que Jesus se alçou ao esplendor do imarcescível, saindo dos braços da cruz, cantando o hino da eterna imortalidade.

Estais aqui hoje conosco para que vos digamos que sois bem-aventurados, pois podeis ouvir-nos, porque tendes a capacidade de afirmar que a vida na Terra é um cadinho de depuração.

Alegrai-vos então, filhos e filhas, e pedi a Deus que, antes de vos curar o corpo, liberte-vos das paixões que geram doenças; que vos desligue das amarras com o passado de delitos, para que vos desalgemeis, podendo voar na direção do Paraíso.

Pedi ao Senhor, ao Divino Terapeuta, que vos cure a alma, dando-vos paz, essa paz que o mundo ainda não pode dar, porque não a tem, e que somente Ele vos pode oferecer.

Cantai, filhos e filhas; cantai como os mártires da fé, saídos dos calabouços na direção da arena e provocando estupefação nos grandes dominadores da própria mesquinhez não controlada.

Cantai hosanas.

Ave, Cristo! Os que vão viver a Vida eterna Te homenageiam e saúdam!

Em nome de André Luiz, de Garcez, de Eunice Weaver e dos trabalhadores desta casa, nós vos abraçamos, exorando ao Senhor de nossas vidas que nos dê a Sua paz.

São os votos do servidor humílimo e paternal de sempre,

Bezerra

Perseverança na luta

Meus filhos:
Permaneça a paz em vossos corações!

No tresvario que toma conta da hodierna sociedade, que transita entre as grandes conquistas da inteligência e os tormentos das emoções, torna-se urgente a tomada de decisão para a conquista do equilíbrio, mediante o qual o discernimento poderá direcionar o ser humano com segurança no rumo da felicidade.

As realizações externas não conseguiram aplacar os transtornos internos do sentimento, que se encontra estiolado, vazio de realização nobilitante quanto de alegria de viver.

Como consequência, aumenta voluptuosamente a incidência da violência, do crime contra o patrimônio, o cidadão, a vida, ameaçando aparentemente de destruição todas as aquisições da civilização e da ética, que se apresentam combalidas ante as ocorrências da anarquia que não cessa.

As enfermidades dizimadoras do passado, que irrompiam periodicamente como pandemias virulentas, apesar de detidas em muitos países da atualidade, com periodicidade ressurgem algumas em lugares onde a miséria sociomoral e econômica predomina, ante o olhar quase indiferente das grandes nações da Terra. Concomitantemente, novas doenças não menos cruéis devoram vidas que se estiolam ante estertores e diluições dos tecidos orgânicos, deterioração psicológica e mental terrivelmente perturbadora.

O barbarismo dos séculos primeiros, quando as hordas selvagens fizeram sucumbir a cultura e as glórias das cidades nobres, ainda ressuma através das carnificinas e dos saques, dos combates incessantes em guerras hediondas, que os esforços das Nações Unidas e de homens e mulheres notáveis não conseguem deter, por momentos harmonizando algumas áreas enquanto outras se levantam mais ferozes e perversas...

Para onde marcha a Humanidade, se não convergirem os seus ideais para Deus, o bem, a fraternidade, o amor entre os homens e, consequentemente, em relação a todos os seres vivos, incluindo a Natureza?

...E recordar-nos de que Jesus, desde há dois mil anos, veio ensinar-nos a tolerância, a misericórdia, a caridade para com os vencidos e combalidos, vivendo a sublime experiência da Sua total entrega como lição viva de abnegação, que jamais deveria ser olvidada!

Porque as criaturas não O aceitaram, embora milhões delas se Lhe digam vinculadas, o horror e a hediondez vêm-se instalando na cultura enlouquecida, que valoriza o deboche e a insensatez, em detrimento das nobilitantes expressões da ética e da moral, conspirando contra a lídima felicidade que já deveria vicejar no organismo social, tornando-o mais justo, mais equânime e mais digno.

Há, certamente, nestes dias, edificações incomparáveis de beleza e de engrandecimento humano em toda parte, não, porém, o suficiente para neutralizar o primarismo que ainda permanece em bilhões de vidas que se chocam umas contra outras na ânsia incontrolada de conseguirem o poder, o prazer, o desregramento exaustivo.

Multidões com centenas de milhões de seres humanos se vinculam a crenças religiosas variadas, cuja substância é constituída pela certeza da existência de Deus, da alma, da Justiça Divina, não obstante agindo como se esses valores espirituais não tivessem qualquer significado ante a loucura das paixões dissolventes asselvajadas, que neles têm primazia... E bastaria que os seus membros se detivessem por um pouco no significado do amor, por todas preconizado, para que se dessem as mãos, ajudando-se e contribuindo para a transformação moral dessas mesmas massas!

É natural, porém, que ocorram esses lamentáveis fenômenos, porque tais doutrinas estão vinculadas a atavismos infelizes, sem atualidade emocional superior, que não renovam interiormente o sentimento nem a conduta dos seus fregueses, alterando-lhes a forma de pensar e de agir em relação à própria como às existências alheias.

Por prever as atuais calamidades que ora tomam corpo no organismo da sociedade, Jesus condoeu-se do mundo por antecipação e prometeu o *Consolador*, que se encarregaria de esclarecer, confortar e arrancar as causas dos males atormentantes, e que já se encontra atendendo a Humanidade através dos Espíritos iluminados que trouxeram o Espiritismo à Terra como resposta dos Céus aos insistentes apelos daqueles que Lhe permaneceram fiéis.

Embora permaneçam ainda as dores, o que se demorará por largo período, convidando à reflexão e à renovação do comportamento, apresentam-se já as linhas do procedimento que deverá conduzir o pensamento a novas experiências, quais a da iluminação de consciência, de remodelação do caráter, de superação dos hábitos doentios, dos impulsos inferiores em predomínio no âmago da criatura humana.

Jesus de volta, meus filhos, é o reviver da esperança e o recomeçar dos inolvidáveis dias de felicidade que assinalaram a época em que Ele viveu.

Renascem então os sentimentos de compreensão dos deveres e de edificação da lídima solidariedade que impulsionará ao progresso, libertando mentes e corações das amarras da ignorância e da crueldade.

Estes, meus filhos, são os anunciados tempos, que todos aguardávamos, prenunciando o amanhecer da Nova Era, que não tardará.

Equipar-nos de amor e de justiça, de humildade e de coragem para a batalha no imo de nós mesmos é o que nos cumpre realizar, de forma que o Senhor da Vinha, quando chegar para a colheita de luz, não nos encontre na ociosidade ou no repouso injustificável.

Agora é o momento superior de produzir para o bem.

Afadiguemo-nos no dever e, sem recear, continuemos dispostos no esforço da beneficência, ganhando o *salário da paz*, que é o provento que deveremos ambicionar.

Rogando a Ele, nosso Mestre e Senhor, que nos abençoe e nos guarde, o servidor humílimo e paternal de sempre,

Bezerra

Ação sem termo

O repouso, em qualquer lugar do Universo, significa retorno ao caos inicial.

Tudo quanto aparenta quietude agita-se na intimidade das suas partículas constitutivas em movimento incessante.

À criatura humana cabe a honra e a glória da ação, mediante a qual se desenvolvem os valores que lhe dormem em latência, aguardando oportunidade.

Através do despertar da consciência para a realidade espiritual do ser, condu-lo ao inabordável campo de atividade que lhe desenvolverá a capacidade para crescer e para aprimorar-se ininterruptamente, com vistas à conquista estelar.

Nesse sentido, quando cansado, o corpo repousa, mas no que diz respeito à mente, tornam-se necessários para o refazimento a elucubração, os raciocínios e reflexões que contribuem para a ampliação dos seus horizontes evolutivos.

Jesus enunciou, com sabedoria e propriedade, que o "Pai até hoje trabalha e Ele também trabalha", oferecendo a fórmula hábil para equacionar todos os problemas existenciais.

O Seu Evangelho, em consequência, é um tratado rico de terapias preventivas e curadoras para as mais complexas enfermidades do corpo, da emoção e da mente, todas elas decorrentes das defecções morais do Espírito.

O serviço de amor dirigido aos padecentes do caminho afigura-se, então, como refrigério para a própria aflição e estímulo para a conduta saudável, enriquecedora.

O ser humano trabalha para promover o progresso da Ciência, do pensamento, da cultura, da arte, da religião, a fim de fruir também, previdente, no futuro, dos bens que amealha, quando se apresentem os ásperos dias das doenças, dos infortúnios, da velhice.

Sem dúvida, esse elemento catalisador de recursos – o trabalho – promove a criatura a patamares dignos e elevados de iluminação e de sabedoria.

Todavia, quando a ação meritória objetiva socorrer a aflição e amparar aqueles que se entregaram ao desequilíbrio, mais amplamente se reveste de significado e de elevação.

O mundo estua de conquistas tecnológicas, enquanto a soberba de uns caminha ao lado da indiferença de outros em relação àqueles que se extraviaram e tombaram nas valas profundas da alucinação.

Em um mundo rico de grãos e de solo arável, onde a fome campeia; referto de possibilidades, mas no qual a escassez é farta; luminoso pelas suas realizações, e vive ensombrado pela dor, o servidor do Evangelho não se pode permitir cruzar os braços, pensar no próprio repouso ou aspirar por galardão que não merece.

Há muitas glórias da Ciência que ainda não conseguem estancar as lágrimas que nascem nos corações, nem deter a onda volumosa de conflitos e aflições íntimas que estrugem nas multidões desvairadas.

Multiplicam-se, inumeráveis, os espairecimentos e os desgostos, desde os educativos aos desafiadores da coragem ou aos estimuladores da violência e da perversão, enquanto os párias de pão e trabalho enxameiam por toda parte.

Não obstante, enquanto o amor avança a passo seguro, inspirando ao bem, a solidão, o desconforto moral e a desconfiança sacrificam milhões de aspirantes à realização emocional, por falta de rumo e de mãos que os afaguem e os conduzam.

Infinita falta faz Jesus na Terra!

Prometendo-Lhe fidelidade, predispõem-se os idealistas da fé cristã a minorar a situação em que se encontram os seus irmãos, sem conceder-se, porém, uma entrega real, que os capacite à desincumbência do compromisso.

Neste crepúsculo da civilização, após a Revelação da Imortalidade, devem unir-se os habitantes das esferas física e espiritual para a transformação do planeta, atendendo aos que choram e aos que permanecem na ignorância.

Acendamos a luz do amor lúcido e racional, espraiando a lição de vida, oferecendo oportunidade de recuperação para aqueles que se sentem perdidos ou que malograram nos seus cometimentos.

Trabalhadores incansáveis da caridade mergulham nas sombras dos sofrimentos a todo instante, a fim de resgatarem todos quantos sintonizem com a necessidade de autorrenovação.

Descansar, por enquanto, de forma nenhuma.

Repouso, neste momento, nem pensar.

Ativos no bem incessante, conclamamos todos à fraternidade, à paz, à solidariedade, ensinando pelo exemplo da caridade a melhor forma de desenhar a felicidade futura, que se instala no coração, quando cada um se entrega à ação da caridade com Jesus.

Exortação de amor

...Está chegando o momento de nós, os cristãos-espíritas, abrirmos espaços para a instalação do Evangelho no coração de todas as criaturas.

Vão longe os dias da impiedade e da perseguição, da censura e do opróbrio que atirávamos contra os nossos irmãos, porque professavam outras denominações religiosas. Ficam nas páginas da História do passado da Humanidade os sentimentos negativos e perturbadores que nos desorientaram por longos séculos de desequilíbrio e de perversão.

Hoje fulge com todo o esplendor a Palavra de Jesus Cristo, concitando-nos à vivência do Seu Evangelho.

Não há como postergar o momento da nossa transformação moral.

Deveremos erguer a bandeira da pureza dos sentimentos jovialmente, vivendo com as criaturas, mas não lhes assimilando os desequilíbrios, mantendo a cortesia no trato com todos, sem estabelecermos conivência com as atitudes ignóbeis. Estamos convidados a servir, entregando-nos às mãos do Cristo de Deus, que nos conduzirão com segurança ao aprisco.

Filhos da alma: ouvistes, nestes dias, a música sinfônica da Era Nova; convivestes com pessoas de outras pátrias no clima da verdadeira família universal; apresentastes os vossos temas fundamentados na Codificação, fora da qual não há Doutrina Espírita; experimentastes a alegria imensa das vibrações que do Mundo espiritual desceram à Terra, impregnando-vos.

Ide, agora, novos nautas, invadir os *cabos tenebrosos*, para os tornardes *da boa esperança*.

Navegai sobre as águas procelosas das paixões, em a nau da fé racional, que pode resistir a todas as tempestades.

Dizei ao mundo que é chegado o momento da construção do Reino de Deus, mas vivei-o antes em vossos atos, em vossos pensamentos e palavras, para que todos constatem que a vossa é a doutrina da libertação, porque a vós vos emancipou dos vícios e das paixões.

Não há mais alternativa!

A desencarnação, que vos aguarda e que a nós outros já nos recebeu, espera-vos com a vossa consciência, que será o vosso juiz, o vosso justificador, mas também o vosso acusador.

Aproveitai destes momentos da excursão carnal para amealhardes bênçãos, que devem ser trazidas para o Mundo da verdade, quando fordes ser avaliados pela consciência, a fim de dizerdes: – *Senhor, sou apenas o mordomo e desejo prestar contas da minha pobre administração –*, como nos ensinou o Apóstolo dos Gentios.

Ide, em uma nova *Sagres*, de volta aos vossos lares.

Conquistai o mundo e, se tiverdes dificuldades de transformar *os outros, transformai-vos a vós mesmos, e lentamente o mundo será melhor.*

Que o Senhor de bênçãos vos abençoe, dando-vos a Sua paz!

São os votos de todos aqueles que, de Portugal e do Brasil, vivemos estes dias evocativos da chegada de Pedro Álvares Cabral às praias do Porto Seguro do futuro *coração do mundo*.

Muita paz, meus filhos, são os votos do servidor humílimo e paternal de sempre,

Bezerra

Espiritismo e vida

O Espiritismo, meus filhos, é a luz que verte do Alto na grande noite da Humanidade para nos apontar o caminho na escuridão.

O Espiritismo é Jesus de volta, que nos vem convidar a reflexões muito profundas a respeito do que somos (Espíritos imortais), de como estais (corpos transitórios) e para onde ides (na direção da Pátria), conscientizando-nos de que a lei que deve viger em todas as nossas atitudes é a de amor. Este amor, porém, é Lei Natural e está em todo o Universo, porque é a Lei do Equilíbrio.

Quando, realmente, deixarmo-nos penetrar pela proposta de Jesus e legitimamente nos permitirmos mimetizar pelo Seu dúlcido olhar, feito de misericórdia e de compaixão, uma nova conduta se estabelecerá em nossas vidas, e aprenderemos, por fim, a seguir com equilíbrio pela estrada libertadora.

O Espiritismo, anunciado pelo Mestre, chega na hora predita para atender o rebanho aturdido que, tresmalhado, aguarda o cajado do Bom Pastor.

Ele veio, meus filhos, e convocou-nos a uma nova ordem de pensamento e de conduta. A Sua voz, de quebrada em quebrada, chegou até estes dias para que tivéssemos um roteiro de segurança, para não mais incidirmos ou reincidirmos nos delitos a que nos vinculamos.

Da primeira vez, iludidos, fascinados, atormentados, deformamos-Lhe os ensinamentos, adaptando-os aos nossos interesses escusos. Mas Ele não cessou de nos enviar embaixadores encarregados de recordar-nos do Seu Amor Inefável, até quando Allan Kardec nos trouxe, desvelado, o Evangelho para vestir nossa alma com a luz mirífica das estrelas.

Tenhamos cuidado com a prática espírita!

O Consolador não se deterá, mesmo que os homens coloquem pelos caminhos impedimentos à sua marcha, dificuldades ao processo evolutivo, porque Cristo vela!

O Espiritismo, meus filhos, é Doutrina dos Espíritos para os homens. Espíritos, por sua vez, reencarnados, comprometidos com a instalação na Terra do reino do amor, da justiça e da caridade.

Tende tento!

Meditai profundamente na palavra de ordem e de razão que deflui do Evangelho vivo e se, por certo, estais sendo chamados para o rebanho, esforçai-vos para atender ao convite e lutai até o sacrifício para serdes escolhidos.

Recebeis farta messe de luz; distribuí-a pelo mundo estroina.

Sois aquinhoados com o conhecimento libertador; passai-o adiante através da voz eloquente dos vossos atos e pela palavra austera dos vossos sentimentos.

Jesus espera! Como nós confiamos n'Ele e Lhe pedimos apoio, Ele confia em nós e nos pede fidelidade.

Os Espíritos amigos, vossos anjos guardiães e companheiros de jornada, aqui estamos para sustentar-vos nos testemunhos, para dar-vos força, para que possais vencer com idealismo, de maneira estoica.

Não adieis o momento de ajudar, não procrastineis a hora de servir e, integrados na falange do bem, cantai, cantai ao Senhor, mesmo que lágrimas escorram pelos vossos olhos e dores macerem vossos corações.

Cantai um hino de júbilo e de liberdade, demonstrando que na cruz os braços estão abertos para afagar, dando testemunho que pode aquilatar o valor de quem ama.

Que o Senhor de bênçãos vos abençoe e que a paz prossiga convosco, suavizando vossas lutas e dores!

São votos do servidor humílimo e paternal de sempre,

Bezerra

Mensagem de encorajamento

Meus filhos:
Que Jesus nos abençoe!

A noite moral alonga-se no planeta terrestre.

As gloriosas construções da Ciência e da Tecnologia não conseguiram acabar com os dramas passionais da criatura humana, nem equacionar os graves desafios da sociedade, que permanece aturdida no sofrimento de recuperação.

A Ciência, aliada à Tecnologia, alargou os horizontes do Universo, penetrou nas micropartículas, apresentando o mundo do infinitamente pequeno, e o homem, exaltado nas suas conquistas, autopromoveu-se à condição de Deus...

Impossibilitado de governar os instintos agressivos e o primitivismo das emoções em que se debate, prosseguiu fomentando a guerra, produzindo a loucura e mantendo a miséria econômica das massas. Isto, porque não permitiu que a mirífica Luz do Cristo lhe invadisse os painéis do pensamento, para que neles se instalassem as diretrizes soberanas do amor.

Em consequência, o século da Tecnologia e da Ciência infelizmente não foi o da paz nem da prosperidade espiritual. Transferiu-se para o novo milênio o sofrimento nas várias vertentes que assolam a Humanidade.

Não obstante, Jesus vela! E nesta grande noite surgirão as primeiras estrelas que transformarão este no século do amor, da religião, da beleza, da arte e da liberdade de consciência.

Hoje repetis as experiências do Mestre realizadas há dois mil anos.

Congregai-vos para orar, para lenirdes os corações das almas e para ouvirdes a luminosa mensagem de libertação do Espírito.

Hoje estendei as vossas mãos, uns aos outros, para vos erguerdes do caos e ascenderdes pela estrada do progresso no rumo da Grande Luz.

Estais convidados a contribuir com esses missionários do amor que estão mergulhando na indumentária física para promover a Nova Era.

A vós cabe a áspera tarefa de preparar o solo onde medrarão as sementes do amor transformadas em seres de beneficência e de harmonia.

Organizai as bases sobre as quais será erguido o templo da fraternidade universal.

Fostes convidados para o labor mais difícil, porque sobre os vossos ombros pesam as responsabilidades da hora que vivemos.

Fizestes parte dos grupos que, no passado, disseminaram a desordem, que preservaram a ignorância, que divulgaram o fanatismo. Estivestes nas fileiras do Evangelho amordaçando vidas, ceifando esperanças, matando ideais, e dizíeis que o fazíeis em nome de Jesus. Não seja, pois, de estranhar que vos encontreis com o conhecimento da Verdade e as possibilidades de aplicá-lo como seria desejável, em face dos enfrentamentos de natureza interior e das circunstâncias externas.

Não temais, entretanto. Enfrentai os obstáculos com o sentimento do amor, da solidariedade e da paciência.

Não procureis resistir às investidas dos problemas, utilizando-vos das mesmas armas de que o materialismo se utiliza para impedir a marcha do progresso espiritual.

Allan Kardec trouxe à Terra a revolução silenciosa da verdade, esgrimindo a lógica e o bom senso, e usando o amor e a caridade para vencer os obstáculos da intolerância e da crueldade.

Imitai-o, mantendo a mansuetude e a humildade, que são os instrumentos poderosos de que deveis se utilizar nos embates internos e nas lutas exteriores.

Filhos da alma!

Pedistes, antes do berço, a oportunidade da fé libertadora e suplicastes a hora do serviço anônimo e honorável da Doutrina Espírita como vanguardeiros do mundo melhor.

Não vos descoroçoeis na luta.

Não adoteis decepções nem arroleis lágrimas, dissabores e impedimentos.

O Mestre a quem seguimos jamais se utilizou da lamentação ou da queixa, embora negado, traído, crucificado, e até hoje permanece amando e esperando.

Não é fácil segui-lO! E se o fosse, a noite moral da Terra não existiria.

As ilusões da matéria são atraentes e acolhedoras, mas deixam cinzas de desencanto e febres de amarguras.

Vós aspirais pela felicidade que não se altera nem perece e pela alegria que não se converte em tristeza nem em angústia.

Prossegui!

Numa observação superficial, sois tão poucos ante o volume da Humanidade!

A vossa é quase uma expressão de insignificância. Considerai, no entanto, que o Universo é feito de micropartículas que se aglutinam em favor do Cosmo.

Mantende a união!

Observai uma orquestra, a harmonia sinfônica, e compreendereis que os instrumentos nobres e os de aparência insignificante desempenham o mesmo papel de importância a benefício do conjunto harmônico.

Não vos exalteis a prejuízo de outrem. Não busqueis fugir por vos considerardes sem significado nem valor. Juntos sereis força de amor, separados estareis sujeitos a desagregações.

Amai-vos, servindo a Jesus e fazendo o melhor que vos esteja ao alcance.

Importante manterdes a certeza de que estais na construção da obra do Cristo, colaborando para a Nova Era de amor, de fé, de arte e de beleza. Estais construindo esse mundo preconizado pelo Evangelho, quando a Humanidade será realmente feliz.

Filhos da alma, amai-vos!

São os votos do servidor humílimo e paternal,

Bezerra

Mensagem de responsabilidade

É necessário que nós, espíritas, demo-nos conta da magnitude da Doutrina com que somos honrados.

O Evangelho de Jesus tem regime de urgência. Já não podemos postergar a vivência da Palavra do Senhor.

Ouvimo-la. Anotamo-la. Registramo-la na memória, não obstante conduzimos os passos muito distantes do cumprimento do dever.

Convidados pelo Mestre, no momento histórico mais grave da sociedade, imolemo-nos por amor!

Já não temos as arenas onde as feras e os gladiadores nos ceifavam a vida física.

Já não nos empalam nem nos destroem na roda, trucidando nossas carnes.

Já não somos atados a madeiros que se desfazem em fogueiras vivas, cujas chamas se transformam em fumo e apagam a claridade das brumas, mas nos encontramos em um campo de batalha muito mais severo, muito maior, que é o mundo.

As feras ululantes e vigorosas estão dentro de nós, sanguinolentas umas, apaixonadas outras, atormentadas as demais.

Mantenhamo-nos em fidelidade com o Senhor sem nos preocuparmos com os ouropéis das fantasias terrenas.

Que nos acusem de seguidores do Cristo, para que nossa consciência se alegre pelo galardão de servir.

Que nos apontem como místicos ou piegas, longe das cátedras da cultura vazia e do intelectualismo perturbador, e tenhamos a satisfação infinita de estar desobrigando-nos dos nossos deveres.

A Doutrina Espírita é um amanhecer. As suas claridades lógicas, racionais e luminíferas diluem a sombra da ignorância, mas o sol do amor de que se reveste derrete o gelo das nossas emoções para que seja possível, em perfeita harmonia, o nosso desenvolvimento intelecto-moral, propiciando-nos sabedoria.

O conhecimento pode ser considerado como a grande horizontal das conquistas humanas, mas o amor é a grande vertical que nos ergue na direção do Infinito para sintonizarmos com Deus.

Filhos da alma: não mendiguemos as coisas transitórias, busquemos a verdade que liberta.

Não nos escravizemos às paixões que confundem, abrasemo-nos com o amor que nos sublima.

Não lutemos pelas quinquilharias que ficam, laboremos pelos tesouros invioláveis do dever, da paz e da honradez, que seguem conosco por todo o sempre.

Jesus nos aguarda, meus filhos!

O Espiritismo é uma ciência filosófica, ético-moral e religiosa, que decifra os enigmas existenciais e dignifica, porque torna nobres aqueles que se lhe vinculam.

Hoje é o nosso dia. Vamos libertar-nos das marcas do passado e da dor.

Vencida a morte pela vida, vencei os tormentos da retaguarda perturbadora e, tomados pelo Espírito do Cristo, sintonizai com Ele, para que desçam até vós as Suas misericórdias, penetrando-vos e tornando-vos discípulos legítimos do Seu coração, ensinando àqueles que estão ao vosso lado brandura, cordialidade e amor, conforme Ele a todos nos tem ensinado.

São os votos do servidor humílimo e paternal de sempre,

Bezerra.

Na seara de luz

FILHOS DA ALMA:
ABENÇOE-NOS JESUS, O AMIGO INCOMPARÁVEL DE TODAS AS HORAS.

A sociedade estertora! O materialismo, que vem acionando as massas, saído dos centros de cultura e de pesquisas, desgovernou a consciência humana.

Vivem-se as horas de glórias da Ciência e da Tecnologia, ao mesmo tempo que se apresentam abismos de dor nos sentimentos e nas emoções. Em toda parte defronta-se o grande paradoxo: conhecimento e aflição!

O Espiritismo chegou no momento azado, quando podia iluminar a Ciência que o confirmaria, no mesmo instante quando o homem saía dos limites do planeta terrestre, na busca de outros céus, de outras moradas, para confirmar a pluralidade dos mundos habitados no Universo.

Graças à promessa de Jesus Cristo, o Consolador veio extirpar as causas geradoras das lágrimas. Não obstante, o desvario do ser humano prossegue tão grande que, ainda dominado pelo ópio das paixões e embora observando a madrugada nova, permanece ligado às sombras de onde provém.

Não é de estranhar que na *seara de luz* permaneçam também alguns recantos onde se homizia a treva densa, da mesma forma que, na sementeira do abençoado trigo da vida, o escalracho misture as suas raízes com aquelas que são geradoras do pão.

Este é um momento muito grave que vivemos na Terra, exigindo-nos discernimento e definição.

Jamais, porém, esqueçamos das nossas raízes eminentemente cristãs.

A Ciência tem ampliado os horizontes do Universo, mas Jesus comanda os pensamentos dos homens e mulheres que se encontram nos laboratórios de pesquisas, para propiciar a felicidade e a esperança em favor das criaturas humanas. Isto, porque a Ciência sem Deus é utopia perigosa gerada pela presunção humana.

A Filosofia e múltiplas escalas do pensamento atendem aos diversos procedimentos da sociedade terrestre, mas é o pensamento de Jesus, na filosofia do amor, que orienta a sociedade no rumo da plenitude.

As religiões multiplicam-se fascinadas pela necessidade de predomínio de umas sobre as outras, mas somente aquelas que apresentarem Jesus, ensejando a fé raciocinada, que estrutura o ser em uma ética do comportamento moral saudável, permitir-lhe-ão que desfrute da real plenitude que lhe está reservada.

O Espiritismo, no seu aspecto tríplice, mantém-se como a base que permitirá a construção de uma sociedade feliz, que já se instala no planeta.

Qualquer tentativa de prestigiá-lo, oferecendo primazia a uma em detrimento das outras angulações, significa ameaçar-lhe a estrutura fundamental.

Jesus, meus filhos, é o zênite e o nadir das nossas buscas. Sejamos-Lhe fiéis.

Certamente encontraremos em nossas fileiras Espíritos nobres que ainda não penetraram no significado pleno da mensagem de que Ele se fez portador, doando a própria vida e seguindo conosco até aqui, a fim de prosseguir até o momento da perfectibilidade relativa que nos está destinada.

Desse modo, concedamos a todos o direito de optar por aquilo que melhor lhes faculte a razão e a emoção, mas não abdiquemos do caráter cristianíssimo da Doutrina Espírita, a pretexto de arrebanhamento e multiplicação de adeptos fascinados, porém não convencidos da necessidade da transformação moral.

Esse é o preço a pagar pela concretização das promessas que Ele nos ofereceu.

Neste momento cabem-vos os deveres de fidelidade, amor e perseverança nos ideais abraçados, mantendo a segurança de que não marchais a sós.

Nos tumultuados dias em que viveis na Terra, quando buscais asserenar os ânimos, deter os vendavais e semear as estrelas da esperança, não há alternativa senão prosseguirdes intimoratos e gentis.

Representando algumas comunidades e nações, tendes a grave responsabilidade de viver conforme o estabelecido na Codificação Kardequiana, que não necessita de defensores verbalistas, mas sim daqueles que introjetem na conduta os seus postulados profundos.

Muito difícil apresenta-se-nos este momento, exigindo-nos maior soma de testemunhos. Não é, porém, diferente daqueles dias tormentosos, quando o Mestre veio implantar a Era Nova e, através do amor, alterar os rumos do pensamento humano.

Porfiai, portanto, como *servidores da última hora* que sois, tocados pelo espírito do bem, na preservação do ideal da verdade.

...E se for exigido a cada um de vós o contributo do testemunho de amor, que ninguém se furte a oferecê-lo em benefício de si mesmo, em face das derrocadas do passado e diante dos compromissos assumidos em relação ao presente e ao futuro.

Continuai construindo o bem e vivendo-o, pois que alternativa não existe neste momento, que é o da grande transição.

Assim pensamos os Espíritos-espíritas desde a primeira hora, que aqui estamos convosco no serviço da construção do mundo melhor de amanhã.

Muita paz, meus filhos, são os votos do servidor humílimo e paternal de sempre,

Bezerra

A nova aliança

...A proposta do Mundo espiritual que Allan Kardec codificou, divulgou e que o Mundo espiritual, rico de ternura, continua mandando através de mil formas não necessária e exclusivamente mediúnicas, mas através do riso de uma criança, de um olhar tenso de um ancião ou de uma pessoa enferma, de uma revelação científica, de uma bela página da mídia...

Toda essa contribuição do Mundo maior é para que a vossa vida adquira melhor qualidade, para que possais dizer que, desse "fulcro coronário" na nossa sede de percepção transcendental, todos, sem exceção, podeis entrar em contato com a Espiritualidade e, nestes dias, quase místicos pelo seu conteúdo emocional, devereis fazer um pouco de silêncio para escutardes as vozes inarticuladas daqueles que vos anteciparam na grande viagem de volta.

Sem a menor sombra de dúvida, estes são dias muito difíceis. Estamos às vésperas de duas calamitosas guerras. As criaturas humanas armam-se porque não se amam, e em vez de se amarem entregam-se à tarefa ignóbil de se armarem umas contra as outras.

Amanhecem dias plúmbeos, nos quais a violência ganha as ruas do mundo, porque a rebeldia está no imo da criatura humana. Ela estruge quando os fatores mesológicos contribuem para que se exteriorize.

Este é um momento muito grande de amor e de desamor. Uma hora severa para as reflexões.

O Mundo espiritual vem ter com os seres humanos, a fim de que todos compreendam de uma vez que o sentido da reencarnação é o de espalhar a luz da verdade no país de cada ser em direção da sociedade em geral.

O Espiritismo é a nova aliança entre a criatura da Terra e o seu Criador, simbolizando a velha aliança de Israel com o seu Deus.

O Consolador chega para poder extirpar os fatores que geram lágrimas e dores dentro de nós. É um compromisso sério que abraçais com Jesus Cristo, em nome de Deus, que nos dá felicidade, sem dúvida, que nos propicia alegria, não, porém, a ponto de nos tornarmos vulgares, inconsequentes e promíscuos.

A alegria do cristão é o júbilo que decorre de fazer o bem.

Aos cristãos novos compete, qual ocorreu com os primitivos, levar Jesus ao século, ao mundo, e não trazer o mundo a Jesus. Cabe-nos conduzir o pão da vida aos esfaimados que estão na inconsciência, para que eles tenham vida, e vida abundante, em vez de trazerdes a luxúria, o deboche, a insensatez para as nossas casas, que se transformariam em lugares de vício e de perturbação.

Filhos da alma! Não ignoreis que é um desafio seguir retamente, porque pensando retamente e retamente falando, terminaremos por agir com retidão.

Permiti que a luz imarcescível do Amor de Jesus se vos engaste interiormente, para que se exteriorize lúcula em jatos de plenitude.

Estai atentos, procurando não vitalizar o mal, estabelecendo princípios de paz e vivendo-os em vossos corações!

Não albergueis o ressentimento doentio nem a frivolidade, que levam aos desvios do dever, quando ele, com sua sisudez, proporciona saúde interior e paz espiritual.

Não vos creiais a sós, nunca!

Os vossos amigos espirituais não vos abandonam, nem mesmo quando os abandonais, optando por outros caminhos. Eles vos seguem, aguardando o momento de manter o colóquio convosco.

Distribuí esperanças, acendendo a luz da paz no labirinto de sombras do ódio e da perversidade.

Natal, na visão cristã, é Jesus de novo.

Deixai-O crescer e sair através de vossa voz, de vossos atos, construindo o Reino dos Céus na Terra.

Para isso, estais chamados.

Convidados, esforçai-vos para serdes escolhidos.

E se sofreis, bendita sejas, irmã da amargura, que visita as almas para despertá-las para a análise da temporariedade do corpo!

Aceitai a dor com resignação, e ela diminuirá de intensidade.

Atrelai aos vossos sofrimentos a oração, e tende caridade para com as mentes entenebrecidas que, da Erraticidade inferior, mandam para a Terra obsessores, sofrimentos, desaires...

Deus vos abençoe, filhos da alma!

Ide, como ovelhas. Não vos esqueçais: perder hoje os anéis inúteis para apresentardes as mãos em conchas de caridade amanhã. Ser vítima agora para, resgatando a crueldade de ontem, trabalhardes como benfeitores mais tarde.

Rogando a Jesus que fique conosco, na manjedoura emocional das nossas almas, abraça-vos em nome dos benfeitores da nossa Federação e dos vossos guias espirituais o servidor humílimo e paternal de sempre,

Bezerra

Convite de urgência

É...É chegado, pois, o momento, espíritas, de refletirmos em torno das nossas responsabilidades.

O tempo urge.

Não mais amanhã.

É agora.

Agora soa a hora da nossa libertação.

Por muito tempo caminhamos por estradas difíceis, perdemo-nos em caminhos acidentados pelas nossas paixões, tombamos irremediavelmente nos abismos do egoísmo, e deixamos Jesus à margem...

Comprometemo-nos a servir, abraçados aos ideais de solidariedade. E, de imediato, jugulados ao câncer das paixões, mudamos de atitude.

Que temos feito de Jesus, meus filhos?!

Utilizamo-nos da Sua presença de *Cordeiro de Deus* para nos erguermos a posições efêmeras e enganosas, longe do serviço de construção do mundo íntimo.

Usamos o Seu nome para escravizar e levar ao exílio muitas vidas, destruir ideais. Apesar disso, não conseguimos retirá-lO de nosso coração.

Quem encontra Jesus não mais é o mesmo.

Impregnado pela suave misericórdia e de amor banhado, altera-se completamente...

Não basta, pois, conhecer Jesus. É necessário entregar-Lhe a vida, para que Ele a conduza: recebendo os *Filhos do Calvário* como irmãos; distendendo a compaixão e a caridade em Seu nome para que fiquemos como *cartas vivas* assinalando a nossa passagem na Terra.

Não posterguemos mais a oportunidade de servir.

Este é o nosso momento de iluminação.

Voltai aos vossos lares tocados por Jesus.

Dai notícia da Sua presença em vosso coração a todos, pela cordura, pela humildade, pela misericórdia.

...E, se vos perseguirem, se vos maltratarem, se vos odiarem, perdoai, porque eles não sabem ainda o que fazem.

Sede vós aqueles que têm a honra de amar, e de amar até sofrer. Que Ele nos abençoe, meus filhos, são os votos do servidor humílimo e paternal de sempre,

Bezerra

Paz no coração

Quando o Evangelho é muito discutido, a sua vivência faz-se tarde demais.

Agora, hoje é o momento exato de nossa rendição.

Não há mais tempo solar para elegermos condutas que a Doutrina da Verdade já nos delineou há mais de um século.

Jesus espera-nos paciente, misericordiosamente.

A Humanidade, nossa família por extensão do Amor de Nosso Pai, necessita de nosso carinho neste momento, e não depois.

Não nos permitamos arrepender pelas ações de abnegação e renúncia em favor da iluminação terrestre em assumindo um compromisso conosco nesse trabalho de luta e transformação, de modo a apressar-lhe o conteúdo vibratório.

Então, no futuro, cada qual ofereça o que estiver ao seu alcance, e se a sua for a dádiva do tamanho do grão de mostarda, com certeza reverdecerá o deserto dos corações humanos.

Nunca deixemos de perseverar nos objetivos elevados.

O fruto que não se apresenta hoje surgirá no momento oportuno para a ceifa de luz.

Desta forma, alegrai-vos, mesmo dentro dos limites e possibilidades da evolução.

O Senhor está conosco e marcha à frente.

Carinho especial do servidor de sempre,

Bezerra